Jens Schütze

Modellierung von Kommunikations-
prozessen in KMU-Netzwerken

GABLER RESEARCH

Jens Schütze

Modellierung von Kommunikationsprozessen in KMU-Netzwerken

Grundlagen und Ansätze

Mit einem Geleitwort von Prof. Dr. Egon Müller

GABLER

RESEARCH

Bibliografische Information der Deutschen Nationalbibliothek
Die Deutsche Nationalbibliothek verzeichnet diese Publikation in der
Deutschen Nationalbibliografie; detaillierte bibliografische Daten sind im Internet über
<http://dnb.d-nb.de> abrufbar.

Dissertation Technische Universität Chemnitz 2008

Gedruckt mit Unterstützung des Förderungs- und Beihilfefonds Wissenschaft der VG WORT.

1. Auflage 2009

Alle Rechte vorbehalten
© Gabler | GWV Fachverlage GmbH, Wiesbaden 2009

Lektorat: Claudia Jeske | Ingrid Walther

Gabler ist Teil der Fachverlagsgruppe Springer Science+Business Media.
www.gabler.de

Umschlaggestaltung: KünkelLopka Medienentwicklung, Heidelberg
Gedruckt auf säurefreiem und chlorfrei gebleichtem Papier
Printed in Germany

ISBN 978-3-8349-1317-3

Geleitwort

Kleine und mittlere Unternehmen haben eine enorme Bedeutung für die Entwicklung sowohl der deutschen als auch der europäischen Wirtschaft. Zur Sicherung ihrer Wettbewerbs- und Zukunftsfähigkeit bei sich ständig verändernden Marktbedingungen versuchen viele KMU, ihre betriebliche Entwicklung durch Kooperationen mit anderen Unternehmen zu verbessern.

Die dabei entstehenden Unternehmensnetzwerke müssen wachsen und aus sich heraus ihr Fortbestehen sichern, um die Vorteile einer Kooperation nachhaltig zu nutzen. Insofern kommt den Kommunikationsprozessen zwischen vernetzt agierenden Unternehmen eine besondere Bedeutung zu. Umso verwunderlicher ist es, dass man sich bei der Vernetzung von Unternehmen zwar sehr intensiv der Gestaltung der materiellen und informationstechnischen Prozesse widmet, aber die Kommunikation aus den Betrachtungen solcher Netze weitgehend eliminiert. Die Bedeutung der Kommunikation wird nicht unterschätzt. Es kommt aber dem Autor der vorliegenden Arbeit zu, mit einem neuartigen wissenschaftlichen Ansatz eine Methode entwickelt zu haben, um genau diese Prozesse modellieren zu können.

Vor diesem Hintergrund erfolgt eine systematische Analyse verschiedenster Kommunikationstheorien und -modelle, in deren Ergebnis einerseits der Begriff der Kommunikationsartefakte eingeführt wird und andererseits eine Vielzahl von Kommunikationsartefakten als potenzielle Modellierungselemente für kommunikative Aspekte beschrieben werden. Damit ist der Versuch, im Rahmen einer ingenieur-wissenschaftlichen Arbeit die erkenntnistheoretischen Grundlagen der analysierten Kommunikationstheorien und -modelle zu diskutieren, mit nötigem Respekt gelungen.

Bei der Auswahl einer Basismodellierungsmethode gelang es, einen umfassenden Überblick über bekannte Methoden und Sprachen der Geschäftsprozessmodellierung zu geben. Besonders hervorzuheben ist die zusammenfassende Darstellung und Würdigung von Merkmalen und Eigenschaften in Matrizen, die systematisch dazu führt, UML als Basismodellierungsmethode zu begründen.

Die beschriebene Methodik, Kommunikationsartefakte in Modellierungselemente zu transferieren und in die gewählte Basismodellierungsmethode zu integrieren, stellt einen wesentlichen Teil der eigenen wissenschaftlichen Leistung des Autors dar. Dabei ist die Beschreibung von sechs neu entwickelten Diagrammtypen und deren gegenseitiger Abhängigkeiten in einer Diagrammhierarchie wesentlicher Bestandteil der entwickelten Methode.

Insgesamt ist es sehr gut gelungen, relevante Sachverhalte transparent und reproduzierbar darzustellen und damit die Verständlichkeit der Gedanken dem Leser der Arbeit zu vermitteln. Mit der vorliegenden Arbeit wurde ein wesentlicher Beitrag zur Erweiterung der wissenschaftlichen Grundlagen zur Modellierung von Kommunikationsprozessen und zu Netztheorien geleistet.

Prof. Dr. Egon Müller

Vorwort

Die vorliegende Dissertation entstand während meiner Tätigkeit am Institut für Betriebswissenschaften und Fabriksysteme der Technischen Universität Chemnitz. Sie ist Ergebnis meiner Forschung an den Professuren Fabrikplanung und Fabrikbetrieb sowie Arbeitswissenschaft und weist daher einen interdisziplinären Charakter auf.

Herrn Prof. Dr.-Ing. Egon Müller, dem Direktor des Instituts für Betriebswissenschaften und Fabriksysteme und Leiter der Professur Fabrikplanung und Fabrikbetrieb, danke ich für seine Bereitschaft zur Betreuung meiner Arbeit. Er verstand es in besonderem Maße, sowohl Führungsqualitäten als auch Fachwissen zu vermitteln. Darüber hinaus danke ich ihm für die wohlwollende Förderung der Arbeit, die stete Motivation zu deren Fertigstellung und den gewährten inhaltlichen Freiraum.

Herrn Prof. Dr. rer. nat. Dr. oec. habil. Joachim Käschel, Leiter der Professur Produktionswirtschaft und Industriebetriebslehre an der Fakultät für Wirtschaftswissenschaften der TU Chemnitz, und Herrn Prof. Dr.-Ing. Thomas Fischer, Dekan des Fachbereichs Maschinen- und Energietechnik und Leiter des Lehrgebietes Produktionstechnik/Produktionsmanagement an der HTWK Leipzig, möchte ich für die eingebrachten wertvollen Anregungen und die Übernahme des Zweit- bzw. Drittgutachtens danken. Frau Prof. Dr. phil. habil. Dr.-Ing. Birgit Spanner-Ulmer gilt Dank für die Übernahme des Rigorosums sowie Herrn Prof. Dr.-Ing. Klaus Nendel und Herrn Prof. Dr.-Ing. habil. Bernd Platzer für die Übernahme des Vor- bzw. Beisitzes in der Promotionskommission.

Ich danke allen Kollegen für die gute Zusammenarbeit in den vergangenen Jahren. Hervorzuheben sind Herr Dr.-Ing. Dipl.-Wirtsch.-Ing. Heiko Baum und Herr Dipl.-Ing. Dipl.-Wirtsch.-Ing. Michael Krause, die durch die gemeinsame Projektarbeit und zahlreiche konstruktive Diskussionen einen großen Beitrag für das Zustandekommen dieser Arbeit geleistet haben. Nicht zu vergessen sind Herr Dr.-Ing. Jörg Ackermann und Herr Dipl.-Ing. Gert Kobylka, denen ich für ihr unermüdliches Korrekturlesen danke.

Besonders herzlicher Dank gebührt meiner Familie, ohne deren uneingeschränkte Unterstützung diese Arbeit nicht möglich geworden wäre.

Chemnitz, im Mai 2008   Jens Schütze

Inhaltsverzeichnis

Geleitwort V

Vorwort VII

Inhaltsverzeichnis IX

Abbildungsverzeichnis...XIII

Tabellenverzeichnis...XV

Abkürzungsverzeichnis XVII

1   Einleitung... 1

1.1   Problemstellung 1

1.2   Forschungsansatz 2

1.3   Hintergrund der Arbeit... 3

1.4   Wissenschaftliche Fragestellung.. 4

1.5   Zentrale These und Ziele 4

1.6   Vorgehensweise und Aufbau der Arbeit.. 5

2   Grundlagen 7

2.1   KMU-Netzwerke.. 7

2.1.1   Begriffsbestimmung 7

2.1.2   Motive für die Bildung.. 10

2.1.3   Probleme und Ursachenforschung.. 13

2.2   Kommunikation 14

2.2.1   Begriffsbestimmung 14

2.2.2   Arten 17

2.2.3   Bedeutung 23

2.3   Modellierung.. 24

2.3.1   Begriffsbestimmung 24

2.3.2   Hintergründe 27

2.3.3   Kommunikationsmodellierung 28

3   Kooperationsrelevante Kommunikationsartefakte 31

3.1   Vorgehensweise 31

3.2   Kommunikationstheorien und -modelle 31

3.2.1   Lasswell-Formel 31

3.2.2   Mathematische Theorie der Kommunikation 32

3.2.3   Semiotisches Dreieck 33

3.2.4   Axiome der Kommunikation 34

3.2.5   Organonmodell 36

3.2.6   Kommunikationsquadrat 37

3.2.7   Sprechakttheorie 38

3.2.8   Faktorenmodell 39

3.2.9   Sozialwissenschaftliche Kommunikationstheorie 40

3.2.10   Theorie des kommunikativen Handelns 42

3.2.11   Soziologische Systemtheorie 43

3.2.12   Radikaler Konstruktivismus und Autopoiesis 44

3.3   Koordinationstheorien und -modelle 45

3.4   Ergebnisse 48

4   Basismodellierungsmethode 57

4.1   Vorgehensweise 57

4.2   Kriterienkatalog 57

4.2.1   Allgemeine Kriterien 57

4.2.2   Spezifische Kriterien 59

4.3   Modellierungsmethoden 61

4.3.1   Analyse 61

4.3.2   Methode versus Sprache 68

4.3.3   Bewertung 69

4.4   Schwachstellenanalyse 74

4.4.1   *SWOT-Analyse* *74*

4.4.2   *Defizitliste* *83*

4.5   Auswahl 90

**5   Methode zur Modellierung von Kommunikationsprozessen in KMU-
          Netzwerken 97**

5.1   Vorgehensweise 97

5.2   Diagrammtypen 97

5.2.1   *Überblick* *97*

5.2.2   *Rollendiagramm* *99*

5.2.3   *Akteursdiagramm* *103*

5.2.4   *Beziehungsdiagramm* *107*

5.2.5   *Kommunikationsdiagramm* *110*

5.2.6   *Gesprächsdiagramm* *114*

5.2.7   *Verhaltensdiagramm* *115*

5.3   Prototypische Umsetzung 118

5.3.1   *Architektur* *118*

5.3.2   *Meta-Meta-Modell* *118*

6   Fazit 121

6.1   Kritische Würdigung der Ergebnisse 121

6.2   Zukünftige Forschungsfelder 122

Literaturverzeichnis 125

Abbildungsverzeichnis

Abbildung 1.1: Aufbau der Arbeit 6

Abbildung 2.1: Bedeutung der KMU in Europa 8

Abbildung 2.2: Kooperationshäufigkeit in Europa 11

Abbildung 2.3: Motive für die Bildung von KMU-Netzwerken 12

Abbildung 2.4: Wesentliche Aspekte von Kommunikation 16

Abbildung 2.5: Evolution der Kommunikation 20

Abbildung 2.6: ARIS-Kommunikationsdiagramm 28

Abbildung 2.7: UML-Sequenzdiagramm 29

Abbildung 3.1: Lasswell-Formel der Massenkommunikation 32

Abbildung 3.2: Kommunikationsmodell von Shannon/Weaver 33

Abbildung 3.3: Semiotisches Dreieck nach Ogden/Richards 34

Abbildung 3.4: Ausgangsform des Sprachmodells von Bühler 36

Abbildung 3.5: Kommunikationsquadrat nach Schulz von Thun 37

Abbildung 3.6: Faktorenmodell von Hannappel/Melenk 40

Abbildung 3.7: Strukturelle Kopplungen in der soziologischen Systemtheorie 44

Abbildung 3.8: Zusammenhänge zwischen den Kommunikationstheorien 50

Abbildung 5.1: Diagrammhierarchie 99

Abbildung 5.2: Rollendiagramm 100

Abbildung 5.3: Akteursdiagramm 105

Abbildung 5.4: Beziehungsdiagramm 108

Abbildung 5.5: Kommunikationsdiagramm 111

Abbildung 5.6: Gesprächsdiagramm 114

Abbildung 5.7: Verhaltensdiagramm 116

Abbildung 5.8: Meta-Meta-Modell des Prototyps 119

Abbildung 5.9: Benutzeroberfläche des Prototyps 120

Tabellenverzeichnis

Tabelle 1.1: Forschungsansatz 3

Tabelle 2.1: KMU-Definition der EU 7

Tabelle 2.2: Motive für die Netzwerkbildung nach Unternehmensgröße 12

Tabelle 2.3: Typische Problembereiche von Unternehmenskooperationen 14

Tabelle 2.4: Statistiken über die weltweite Bedeutung von Kommunikation 24

Tabelle 2.5: Geschäftsprozessdefinitionen 26

Tabelle 3.1: Axiome der Kommunikation 35

Tabelle 3.2: Charakterisierung der Handlungstypen nach Habermas 42

Tabelle 3.3: Potenzielle Kommunikationsartefakte 55

Tabelle 4.1: Analysierte Modellierungsmethoden 68

Tabelle 4.2: Kriterienschlüssel und Wichtungsfaktoren 70

Tabelle 4.3: Bewertungsmatrix, allgemeine Kriterien (Teil 1) 71

Tabelle 4.4: Bewertungsmatrix, allgemeine Kriterien (Teil 2) 72

Tabelle 4.5: Bewertungsmatrix, spezifische Kriterien und Ranking 73

Tabelle 4.6: Defizitliste 88

Tabelle 4.7: Analysematrix 89

Tabelle 4.8: Aufwandsabschätzung 94

Tabelle 5.1: Diagrammtypen 98

Tabelle 5.2: Konventionen des Rollendiagramms 103

Tabelle 5.3: Konventionen des Akteursdiagramms 107

Tabelle 5.4: Konventionen des Beziehungsdiagramms 110

Tabelle 5.5: Konventionen des Kommunikationsdiagramms 113

Tabelle 5.6: Konventionen des Verhaltensdiagramms 117

Abkürzungsverzeichnis

a	Jahr
ACL	Agent Communication Language
AD	Akteursdiagramm
ARIS	Architektur integrierter Informationssysteme
ARPANET	Advanced Research Projects Agency Network
B	Beobachtung
BD	Beziehungsdiagramm
BMBF	Bundesministerium für Bildung und Forschung
BPEL	Business Process Execution Language
BPM	Business Process Modelling
BPMN	Business Process Modelling Notation
BPO	Business Process Orientation
BPR	Business Process Reengineering
CASE	Computer-Aided Software Engineering
CD	Compact Disc
CIM	Computer Integrated Manufacturing
CIM-OSA	Open Systems Architecture for Computer Integrated Manufacturing
CMC	Computer Mediated Communication
CN	Collaborative Network
CVK	Computervermittelte Kommunikation
d	Tag
DFG	Deutsche Forschungsgemeinschaft
DLR	Deutsches Zentrum für Luft- und Raumfahrt
DNV	Dynamic Network Visualization
DSM	Domain Specific Modelling
DVD	Digital Versatile Disc

EAI	Enterprise Application Integration
ECAA	Event – Condition – Action – Alternative Action
EEML	Extended Enterprise Modelling Language
eEPK	Erweiterte ereignisgesteuerte Prozesskette
EET	Enterprise Engineering Tool
EJB	Enterprise JavaBeans
EML	Enterprise Modelling Language
ENSR	European Network for SME Research
EPBE	Eriksson Penker Business Extensions
ERD	Entity Relationship Diagram
ERM	Entity Relationship Model
ERP	Einstein-Podolsky-Rosen
EU	Europäische Union
Europa-25	Europäische Union mit 25 Mitgliedsstaaten
Europa-27	Europäische Union mit 27 Mitgliedsstaaten
FFM	Fünf-Faktoren-Modell
FIPA	Foundation for Intelligent Physical Agents
GAM	Generic Activity Model
GB	Gesprächsbeitrag
GD	Gesprächsdiagramm
GEF	Graphical Editing Framework
GERAM	Generalized Enterprise Reference Architecture and Methodology
GPA	Geschäftsprozessanalyse
GPM	Geschäftsprozessmodellierung
GPO	Geschäftsprozessoptimierung
GPO-WM	Geschäftsprozessorientiertes Wissensmanagement
GRAI	Graphe à Résultats et Activités Interreliés

GU	Großunternehmen
h	Stunde
HRM	Human Resource Management
IDEF	Integrated Definition for Function Modelling
IEM	Integrated Enterprise Modeling
IKT	Informations- und Kommunikationstechnologie
INCOME	Interactive Net Based Conceptual Modelling Environment
IPKM	Integrierte Prozess- und Kommunikationsmodellierung
IS	Information System
ISO	International Organization for Standardization
IuK	Information und Kommunikation
IUM	Integrierte Unternehmensmodellierung
K3	Kommunikation Koordination Kooperation
KD	Kommunikationsdiagramm
KMDL	Knowledge Modeling Description Language
KMFM	Knowledge Management Framework Methodology
KMU	Kleine und mittlere Unternehmen
KODA	Kommunikationsdiagnose
KQML	Knowledge Query and Manipulation Language
KSA	Kommunikationsstrukturanalyse
KVP	Kontinuierlicher Verbesserungsprozess
LDV	Linguistische Datenverarbeitung
LSE	Large Scale Enterprise
m	Minute
MC	Modified Chen Notation
Me2Ko	Methode zur Modellierung von Kommunikations- und Koordinations-prozessen in KMU-Netzwerken

MEMO	Multi Perspective Enterprise Modelling
MIT	Massachusetts Institute of Technology
mo	Monat
MUD	Multi User Dungeon (auch Multi User Dimension/Dialog)
NFBE	Non Financial Business Economy
OECD	Organisation for Economic Co-operation and Development
OML	Object Modelling Language
ooGPM	Objektorientierte Geschäftsprozessmodellierung
OrgML	Organisation Modelling Language
PERA	Purdue Enterprise Reference Architecture
PROMET	Prozessmethode
PROMOTE	Process Oriented Methods and Tools for Knowledge Management
PT	Projektträger
RD	Rollendiagramm
RK	Radikaler Konstruktivismus
RTP	Real Time Transport Protocol
RUP	Rational Unified Process
s	Sekunde
S	Selbstaufschreibung
SADT	Structured Analysis and Design Techniques
SeeMe	Semistrukturierte soziotechnische Modellierungsmethode
SERM	Strukturiertes Entity Relationship Model
SFB	Sonderforschungsbereich
SMB	Small and Medium Sized Business
SME	Small and Medium Sized Enterprise
SML	Strategy Modelling Language
SoHo	Small (Single) Office/Home Office

SOM	Semantisches Objektmodell
SP	Schwerpunktprogramm
SWOT	Strengths Weaknesses Opportunities Threats
t	Zeit(-punkt)
TCP	Transmission Control Protocol
TkH	Theorie des kommunikativen Handelns
UDP	User Datagram Protocol
UML	Unified Modeling Language
VD	Verhaltensdiagramm
VKD	Vorgangskettendiagramm
VO	Virtual Organization
VoIP	Voice over Internet Protocol
w	Woche
WOMS	Work Process Modeling System
WWW	World Wide Web

„Kleine und mittlere Unternehmen sind das Lebenselixier unserer Gesellschaft – sie sind Garanten für Wohlstand und Arbeitsplätze. Deshalb müssen wir ihnen das Leben so leicht wie möglich machen. "

(Verheugen 2007)

1 Einleitung

1.1 Problemstellung

99,8% der Unternehmen in Europa-25 sind kleine und mittlere Unternehmen (EUROSTAT 2007, 21f.). Sie stellen mehr als zwei Drittel (67,2%) der Arbeitsplätze zur Verfügung und erwirtschaften 57,3% der Wertschöpfung (im Bereich der NFBE, EUROSTAT 2007, 22). Großangelegte empirische Studien belegen die eminente volks-wirtschaftliche Rolle dieser Unternehmenskategorie sowohl im europäischen Wirtschaftsraum (AUDRETSCH 2004) als auch in den USA und Japan (AUDRETSCH 2004, 35 und BOSMA/HARDING 2007).

Viele dieser KMU versuchen durch Kooperationen mit anderen Unternehmen ihre betriebliche Entwicklung zu verbessern (HAVNES 2004). Die Zusammenarbeit mit anderen Unternehmen wird u.a. zur Ergänzung fehlender interner Ressourcen und Kompetenzen genutzt. Damit gelingt die Kompensation eines wesentlichen Nachteils gegenüber Großunternehmen. Andere größenbedingte Nachteile, wie z.B. Kosten-nachteile gegenüber GU bei der Massenproduktion mit kapitalintensiven Verfahren, lassen sich auf diese Weise kaum kompensieren. Es gibt auch eine Reihe von größenbedingten Vorteilen von KMU, wie z.B. höhere Flexibilität bei Veränderungen im Bereich der Nachfrage oder Technologie, die aber hier nicht Gegenstand der Betrachtungen sind.

Trotz des Erfolgs vieler KMU-Netzwerke ist nach einiger Zeit ein Trend zur Redu-zierung der Aktivitäten innerhalb der Kooperation oder zu deren Auflösung zu verzeichnen (HAVNES 2004, 33ff.). Andere KMU-Netzwerke scheitern bereits vor Erreichung eines Kooperationserfolgs. Als Ursachen werden häufig soziale Probleme oder mangelhafte Kommunikation zwischen den Kooperationspartnern angegeben (BAUMANN ET AL. 2001; 58ff. und HAUPT 2003, 45ff.). Aufgrund der Autonomie der Kooperationspartner und dem daraus resultierenden hohen Abstimmungsbedarf ist der Aufwand an Kommunikationsprozessen zur Etablierung und Erhaltung einer erfolgreichen Kooperation enorm (KÄSCHEL ET AL. 2004). Um die langfristigen Erfolgsaussichten und somit die Nachhaltigkeit von KMU-Netzwerken zu erhöhen, ist es notwendig, die intrakooperativen Kommunikationsprozesse[1] zu verbessern.

1.2   Forschungsansatz

Die Analyse von Kommunikationsprozessen innerhalb von KMU-Netzwerken gestaltet sich schwierig. Dafür gibt es verschiedene Ursachen:

1. Es handelt sich um menschliche Kommunikation,[2] die im Gegensatz zur techni-schen Kommunikation[3] häufig schwach strukturiert (REMUS 2002a) und somit schwer formalisierbar ist.

2. Menschliche Kommunikation umfasst verschiedene Aspekte.[4]

3. Die Kommunikation wird von den einzelnen Teilnehmern unterschiedlich wahrgenommen.[5]

4. Die Beschreibung von Kommunikationsprozessen erfolgte bisher natürlich-sprachlich (AUER 1999 und SAGER 2004), was die Möglichkeiten zur Analyse stark einschränkt.[6]

Grundvoraussetzung für die Analyse und ggf. nachfolgende Optimierung von intra-kooperativen Kommunikationsprozessen ist somit die Identifikation der innerhalb von Kooperationen ablaufenden menschlichen Kommunikationsprozesse.

---

[1]   Intrakooperative Kommunikationsprozesse sind die Kommunikationsprozesse zwischen den Kooperationspartnern. Kommunikationsprozesse innerhalb der einzelnen Partnerunternehmen bleiben unberücksichtigt.

[2]   Diese schließt die technik- bzw. computervermittelte Kommunikation zwischen Menschen ein.

[3]   Technische Kommunikation bezeichnet die Kommunikation zwischen technischen Geräten.

[4]   Beispielsweise verbale versus nonverbale oder interpersonelle versus intrapersonelle Kommunikation (ADLER/RODMAN 2006).

[5]   Siehe z.B. das Kommunikationsquadrat (SCHULZ VON THUN 1989).

[6]   Verbale Beschreibungen sind im Vergleich zu grafischen Beschreibungen meist lang und unüber-sichtlich, auch wenn der Detaillierungsgrad einer verbalen Beschreibung wesentlich höher sein kann.

Da die Grundidee der Geschäftsprozessmodellierung die *Identifikation von Geschäfts-prozessen innerhalb von Unternehmen* ist (HAMMER 1990), soll dieser Ansatz für das vorliegende Problem so adaptiert werden, dass mit entsprechend veränderten bzw. erweiterten Methoden der Geschäftsprozessmodellierung eine *Identifikation von Kommunikationsprozessen innerhalb von KMU-Netzwerken* möglich wird. Dazu sind Methoden der Geschäftsprozessmodellierung so zu erweitern, dass sie Kommunika-tionsprozesse – und hierbei besonders die kooperationsrelevanten Aspekte – darstellen können. Tabelle 1.1 verdeutlicht die Analogie zwischen der Geschäftsprozessmodel-lierung und dem gewählten Forschungsansatz.

	Geschäftsprozess-modellierung	**Modellierung von Kommunikationsprozessen in KMU-Netzwerken**
Zweck	Identifikation	Identifikation
Gegenstand	Geschäftsprozesse	Kommunikationsprozesse
Anwendungsgebiet	innerhalb von Unternehmen	innerhalb von Kooperationen

Tabelle 1.1:   Forschungsansatz

1.3   Hintergrund der Arbeit

Die vorliegende Arbeit entstand im Rahmen des Forschungsprojekts „Me2Ko – Methode zur Modellierung von Kommunikations- und Koordinationsprozessen in KMU-Netzwerken". Das Projekt war Teil der Forschungsoffensive „Software Engineering 2006" (DLR-PT 2006) und wurde von Januar 2004 bis Mai 2007 vom Bundesministerium für Bildung und Forschung (BMBF) gefördert.[7] Konsortialführer des Projekts war die Professur Fabrikplanung und Fabrikbetrieb an der Technischen Universität Chemnitz. Projektpartner war die SIGMA Chemnitz GmbH.

---

[7] Das dieser Arbeit zugrundeliegende Vorhaben wurde mit Mitteln des Bundesministeriums für Bildung und Forschung unter dem Förderkennzeichen 01 IS C37 gefördert. Die Verantwortung für den Inhalt dieser Veröffentlichung liegt beim Autor.

1.4   Wissenschaftliche Fragestellung

Der Sonderforschungsbereich 457 „Hierarchielose regionale Produktionsnetze"[8] beschäftigte sich seit dem Jahr 2000 mit verschiedenen Aspekten[9] kompetenzzellenbasierter Netze.[10] Dabei wurde speziell im Teilprojekt A6 „Prozessorientierte Kooperationsmodellierung" deutlich, dass die vorherrschende und erfolgsentscheidende Prozessart innerhalb von KMU-Netzwerken die intrakooperative Kommunikation ist (MÜLLER ET AL. 2006). Ferner wurde festgestellt, dass derzeit kaum Ansätze zur Modellierung dieser Prozessart existieren, da sie im Gegensatz zu der in der Prozessmodellierung primär betrachteten Prozessart – den stark strukturierten Prozessen – schwach strukturiert und somit schwer formalisierbar ist (KRAUSE ET AL. 2005). Aus diesen Vorbetrachtungen leiten sich folgende wissenschaftliche Fragestellungen ab:

1. Ist es grundsätzlich möglich, Kommunikationsprozesse innerhalb von KMU-Netzwerken zu modellieren und damit einer Analyse bzw. Optimierung zugänglich zu machen?

2. Welche kommunikativen Aspekte sind kooperationsrelevant und modellierbar?

3. Welche Anforderungen stellen sich an eine Modellierungsmethode, die geeignet ist, intrakooperative Kommunikation effizient und verständlich darzustellen?

4. Wie ist diese Modellierungsmethode zu verändern bzw. zu erweitern, d.h. welche neuen Beschreibungskonstrukte bzw. Modellierungselemente sind dafür notwendig?

1.5   Zentrale These und Ziele

Die zentrale These dieser Arbeit ist, dass die vielfältigen Aspekte von menschlicher Kommunikation mit Methoden der Geschäftsprozessmodellierung grafisch darstellbar sind. Zur Validierung dieser These lassen sich für diese Arbeit folgende Zielsetzungen formulieren:

---

[8] Der SFB 457 wurde mit Mitteln der DFG (Deutsche Forschungsgemeinschaft) gefördert. Der Autor war während der gesamten Laufzeit (2000–2006) Mitarbeiter verschiedener Teilprojekte (A1, A2 und A6).

[9] Theorien, Modelle, Methoden und Instrumentarien zum Bilden und Betreiben von kompetenzzellenbasierten Netzen.

[10] Kompetenzzellen sind autonome, elementare Leistungseinheiten, die in temporären (Produktions-) Netzen kooperieren (MÜLLER 2007, IX).

1. Darstellung aktueller wissenschaftlicher Erkenntnisse über KMU-Netzwerke, Kommunikation und Modellierung,

2. Identifikation von Kommunikationsartefakten basierend auf einer systematischen Analyse von Kommunikationstheorien und -modellen,

3. Untersuchung von Modellierungsmethoden bezüglich ihrer Eignung zur Abbildung kommunikativer Aspekte und Auswahl einer Basismodellierungsmethode,

4. Transformation von Kommunikationsartefakten in neue Modellierungselemente und deren Integration in eine auszuwählende Basismodellierungsmethode.

Diese Ziele wirken sich unmittelbar auf die Vorgehensweise und den Aufbau der Arbeit aus, wie im folgenden Kapitel beschrieben wird.

1.6 Vorgehensweise und Aufbau der Arbeit

Zur Erreichung der genannten Ziele wird folgende Vorgehensweise gewählt: (1) Es werden verschiedene Kommunikationstheorien und -modelle dahingehend analysiert, inwieweit sie sowohl allgemeingültige als auch kooperationsspezifische Kommunikationsaspekte thematisieren. Mit diesem Vorgehen sollen Artefakte[11] identifiziert werden, die verschiedene Kommunikationsaspekte repräsentieren. (2) Bevor Kommunikationsaspekte in eine Modellierungsmethode integriert werden können, ist es notwendig, eine geeignete Basismodellierungsmethode auszuwählen.[12] Hierzu werden bekannte Methoden der Geschäftsprozessmodellierung bezüglich ihrer Erweiterungsfähigkeit und ihrer Eignung zur Abbildung von Kommunikationsprozessen analysiert. (3) Abschließend werden die gefundenen Kommunikationsartefakte in neue Modellierungselemente transformiert und in die gewählte Basismodellierungsmethode integriert.

---

[11] Der Begriff *Artefakt* wird hier in Anlehnung an den Rational Unified Process (KRUCHTEN 1999, 35ff.) als *Modellelement* benutzt, d.h. Kommunikationsartefakte sind Aspekte der Kommunikation, die als potenzielles Modellierungselement für Kommunikation in Frage kommen.

[12] Auf die Option der Entwicklung einer neuen, eigenständigen Modellierungsmethode wurde bewusst verzichtet, da zum einen eine Vielzahl von Modellierungsmethoden bereits existiert und zum anderen eine vollständige Eigenentwicklung den Rahmen dieser Arbeit überstiegen hätte.

Aufbauend auf Zielsetzung und Vorgehensweise gliedert sich die Arbeit in sechs Kapitel (siehe Abbildung 1.1):

- Kapitel 1 dient der Einleitung in das Thema.

- Kapitel 2 stellt die aktuellen wissenschaftlichen Erkenntnisse dar.

- Kapitel 3 beschäftigt sich mit der Identifikation von Kommunikationsartefakten.

- Kapitel 4 thematisiert die Auswahl einer Basismodellierungsmethode.

- In Kapitel 5 erfolgt die Transformation von Kommunikationsartefakten in Modellierungselemente und deren Integration in die gewählte Basismodellierungsmethode.

- In Kapitel 6 werden die Ergebnisse diskutiert.

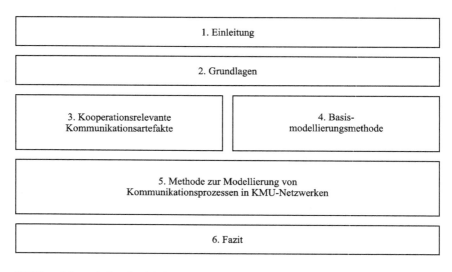

Abbildung 1.1:   Aufbau der Arbeit

„Die Menschen sind verschieden in der Art, wie sie mit anderen reden und den Kontakt zu ihnen gestalten. Was der eine zur Erweiterung seiner sozialen Kompetenz dringend braucht, hat vielleicht der andere schon viel zu viel."

(Schulz von Thun 1989)

2 Grundlagen

2.1 KMU-Netzwerke

2.1.1 Begriffsbestimmung

KMU

Kleine und mittlere Unternehmen (KMU) sind Unternehmen, deren Beschäftigtenzahl und Umsatz bestimmte Grenzwerte nicht überschreiten. International gebräuchliche alternative Bezeichnungen sind *Small and Medium Sized Enterprises* bzw. im amerikanischen Sprachraum *Small and Medium Sized Businesses*. Das Gegenteil sind *Großunternehmen (GU)* bzw. *Large Scale Enterprises (LSE)*.

Traditionell sind die Grenzwerte für Beschäftigtenzahl und Umsatz von Land zu Land unterschiedlich. Tabelle 2.1 zeigt die seit 01.01.2005 gültigen Grenzwerte in der EU (EMPFEHLUNG 2003/361/EG). In den USA liegen die Grenzwerte beispielsweise bei 10/100/500 Mitarbeitern, wobei Kleinst- bzw. Mikrounternehmen häufig auch als SoHo (Small Office/Home Office) bezeichnet werden.

Unternehmens-kategorie	Zahl der Mitarbeiter	jährlicher Umsatz oder Bilanzsumme (in Millionen Euro)	
mittelgroß	< 250	≤ 50	≤ 43
klein	< 50	≤ 10	≤ 10
kleinst/mikro	< 10	≤ 2	≤ 2

Tabelle 2.1:   KMU-Definition der EU

Während bis in die 1980er Jahre sowohl die Wirtschaft (CAVES 1982 und TEECE 1993) als auch die wissenschaftliche Lehrmeinung (CHANDLER/HIKINO 1990 und WILLIAMSON ET AL. 1991) durch eine GU-Perspektive geprägt war, ist seit den 1990er Jahren eine Trendwende zu verzeichnen. Neue Theorien zur Wirtschaftsentwicklung (HOPENHAYN 1992 und AUDRETSCH/THURIK 2001) und aktuelle empirische Erhebungen (siehe Abbildung 2.1) zeigen, dass sich die unternehmerische Rollenverteilung dramatisch verändert hat.

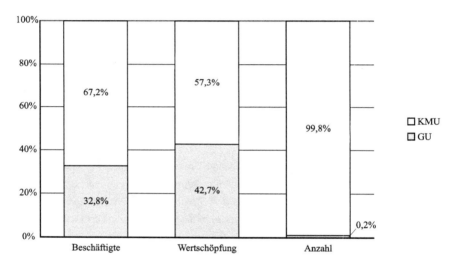

Abbildung 2.1:   Bedeutung der KMU in Europa[13]

KMU sind inzwischen in den meisten OECD-Ländern als wichtige strukturelle Komponente der Volkswirtschaften unverzichtbar. Dafür lassen sich mehrere Gründe nennen:

1. KMU schaffen prozentual mehr Arbeitsplätze und vernichten weniger Arbeitsplätze als GU (DAVIS ET AL. 1996 und MESSINA/VALLANTI 2006).

2. Die Wachstumsraten sind bei kleinen Unternehmen höher als bei großen Unternehmen (HARHOFF ET AL. 1998 und AUDRETSCH ET AL. 1999).

---

[13]   Europa-25 im Bereich der NFBE (EUROSTAT 2007, 22).

3. Die Innovationsrate[14] kleiner Unternehmen ist höher als die großer Unternehmen (ACS/AUDRETSCH 1991). KMU haben einen Innovationsvorteil[15] gegenüber GU (JOVANOVIC 2001).

4. Die Reaktionen auf rezessive Wirtschaftsentwicklungen – wie Beschäftigungs-abbau oder Investitionsrückgang – fallen bei KMU weniger deutlich aus als bei GU (AUDRETSCH 2004, 46ff.). KMU scheinen bei abflauender Konjunktur robuster zu reagieren.

Netzwerk

Der Begriff des *(Unternehmens-)Netzwerks* ist heterogen belegt. Während darunter einige Autoren eine spezielle Form der Unternehmenskooperation[16,17] und andere latente infrastrukturelle und mentale Kopplungen ohne unmittelbare Zusammenarbeit (MÜLLER 2005, 37) verstehen, wird der Begriff *Netzwerk* häufig auch synonym zum Begriff *Kooperation* verwendet (HAVNES 2004, 13–14 und BECKER ET AL. 2007a). Daher erscheint es sinnvoll, den Begriff *Kooperation* begrifflich zu bestimmen. Allgemein wird unter Kooperation die freiwillige Zusammenarbeit von rechtlich und (meist) wirtschaftlich selbstständigen Unternehmen zur gemeinsamen Realisierung von Wettbewerbsvorteilen verstanden (STAUDT ET AL. 1992, 3; BALLING 1998, 8 und WÖHE/ DÖRING 2005, 303).

---

[14] Zahl der Innovationen pro Tausend Beschäftigte in Relation zur Präsenz großer und kleiner Unter-nehmen im gegebenen Wirtschaftssektor. Der direkte Vergleich der Innovationsaktivitäten ohne Gewichtung ist häufig irreführend und wird daher in der Literatur immer seltener verwendet.

[15] „Kleine Unternehmen leisten ihre beeindruckenden Beiträge zur Innovation aufgrund mehrerer Vorteile, die sie im Vergleich zu großen Unternehmen besitzen. Eine wichtige Stärke ist, dass sie weniger bürokratisch sind, ohne Schichten von ‚Neinsagern', die mutige Wagnisse in einer stärker strukturierten Organisation blockieren. Zweitens, und dies wird oft übersehen, entstehen viele technologische Fortschritte durch Ansammlung einer Vielzahl von Detailerfindungen, etwa einzelne Komponenten, Materialien und Herstellungstechniken. Die Absatzmöglichkeiten für solche eng begrenzten, detailbezogenen Innovationen sind oft zu bescheiden, um für Großkonzerne interessant zu sein. Ein einzelner Unternehmer wird seine Energie einem neuen Produkt oder einem Prozess mit Verkaufsaussichten in der Größenordnung von Millionen Dollar pro Jahr widmen, wohingegen nur wenige Großkonzerne so viel Aufhebens um so kleine Fische machen können, noch können sie kleine Risikounternehmungen leicht in ihre Organisationsstrukturen integrieren. Drittens ist es leichter, ein hohes Maß an Begeisterung in einer kleinen Organisation aufrecht-zuerhalten, wo die Verbindungen zwischen Herausforderungen, Personal und potenziellen Erfolgen so eng sind. ‚Nachtarbeiter', durch die schwierige technische Probleme schnell gelöst werden, sind häufig anzutreffen." (SCHERER 1988, 4–5; zit. nach AUDRETSCH 2004, 22).

[16] Je nach Bindungsintensität wird zwischen Lizenzierung, Franchising, strategischer Allianz, Unternehmensnetzwerk und Joint Venture unterschieden (CONTRACTOR/LORANGE 1988, 6).

[17] „Ein Unternehmungsnetzwerk stellt eine auf die Realisierung von Wettbewerbsvorteilen zielende Organisationsform ökonomischer Aktivitäten dar, die sich durch komplex-reziproke, eher kooperative denn kompetitive und relativ stabile Beziehungen zwischen rechtlich selbstständigen, wirtschaftlich jedoch zumeist abhängigen Unternehmungen auszeichnet." (SYDOW 1992, 79).

Obwohl der Terminus *KMU-Kooperation* treffender das Anwendungsgebiet des in dieser Arbeit thematisierten Modellierungsansatzes bezeichnen würde, wurde bewusst der Begriff *KMU-Netzwerk*[18] gewählt, da dieser in der Literatur wesentlich gebräuchlicher ist. Im Kontext dieser Arbeit wird folglich unter dem Begriff *KMU-Netzwerk* in Anlehnung an (HAVNES 2004, 7) die *Interaktion zwischen unabhängigen KMU für einen spezifischen – über eine einzelne Aufgabe hinausgehenden – Zweck* verstanden.

2.1.2   Motive für die Bildung

Kleine Unternehmen, die in großen Netzwerken kooperieren, werden als *die* Organisationsform des 21. Jahrhunderts betrachtet (CUHLS ET AL. 1998; WIRTH 1999, 36ff. und LAUBACHER ET AL. 2003, 116ff.). Daher stellt sich die Frage, was diese Organisationsform so attraktiv macht und welche Gründe es für die Bildung von KMU-Netzwerken gibt. Aus empirischen Erhebungen geht hervor, dass die Hälfte der europäischen KMU mit anderen KMU kooperiert, wobei die Kooperationshäufigkeit länderspezifische Unterschiede aufweist (siehe Abbildung 2.2).

---

[18] KMU-Netzwerke werden auch in den Forschungsfeldern der *Collaborative Networks (CN)* (CAMARINHA-MATOS ET AL. 2007) und der *Virtual Organizations (VO)* (CAMARINHA-MATOS ET AL. 2005) thematisiert.

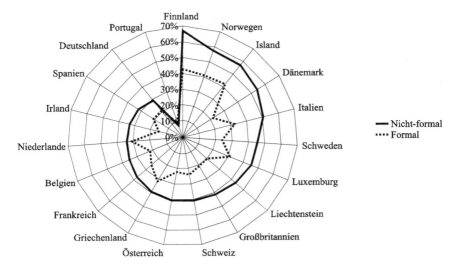

Abbildung 2.2:   Kooperationshäufigkeit in Europa[19]

Die in der Literatur (HAVNES 2004, 18) genannten Zielsetzungen, die mit der Bildung von KMU-Netzwerken verfolgt werden, lassen sich in vier Kategorien gliedern:

- Sicherung des Zugangs zu Ressourcen, z.b. Arbeit oder Kapital,

- Reduktion von Transaktionskosten,[20]

- effizienter Zugang zu Märkten,

- Lernen und Zugang zu Technologien.

Aufgrund der begrenzten Ressourcensituation bei KMU wird häufig als wichtigster Grund für die Bildung von KMU-Netzwerken die Sicherung des Zugangs zu Ressourcen genannt. Die im Rahmen des ENSR Enterprise Survey 2003 durchge-

---

[19] Formale Kooperationen basieren auf schriftlichen Vereinbarungen. Ausnahme: In Island gelten mündliche Vereinbarungen ebenfalls als rechtlich bindend und können somit auch zu den formalen Kooperationen gezählt werden. Entscheidend für die Unterscheidung waren die Angaben zum Formalisierungsgrad bei der Befragung (HAVNES 2004, 26).

[20] Unter Transaktionskosten werden alle Kosten verstanden, die mit der Durchführung einer Transaktion verbunden sind: Ex-ante-Kosten, die sich aus der Suche nach dem Produkt bzw. der Dienstleistung und der Vorbereitung der Transaktion ergeben; Kosten der Transaktion selbst (Vertrag/Vereinbarung); Kosten, die mit der Durchsetzung und Kontrolle der Verträge verbunden sind; indirekte Kosten in Form von Risiken (die mit dem Handel mit unbekannten Partnern und dem Kauf unbekannter Produkte verbunden sind); Kosten, die sich aus der Risikominimierung ergeben.

führten Erhebungen zeigen, dass andere Motive – zumindest bei europäischen KMU –
als wesentlich wichtiger erachtet werden (siehe Abbildung 2.3).

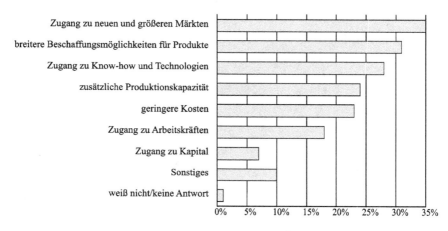

Abbildung 2.3:   Motive für die Bildung von KMU-Netzwerken[21]

Die dargestellten Motive sind eindeutig marktorientiert. Der Zugang zu externen
Ressourcen ist ein weniger wichtiger Grund für die Bildung von KMU-Netzwerken.
Die Unterschiede in der Gewichtung der Motive für die Netzwerkbildung bei den
einzelnen Unternehmensgrößen stellt Tabelle 2.2 dar.

Priorität	Mikrounternehmen	kleine Unternehmen	mittlere Unternehmen
1	Zugang zu neuen und größeren Märkten	Zugang zu neuen und größeren Märkten	geringere Kosten
2	breitere Beschaffungs-möglichkeiten für Produkte	zusätzliche Produktions-kapazität	Zugang zu Know-how und Technologien
3	Zugang zu Know-how und Technologien	geringere Kosten	Zugang zu neuen und größeren Märkten

Tabelle 2.2:   Motive für die Netzwerkbildung nach Unternehmensgröße[22]

---

[21] Anteil der europäischen KMU, nur kooperierende Unternehmen, Mehrfachantworten möglich
(HAVNES 2004, 20).
[22] Nur kooperierende Unternehmen (HAVNES 2004, 21).

Für eine erfolgreiche Kooperation ist es notwendig, dass die Motive und verfolgten Ziele der einzelnen Partner miteinander kompatibel sind, d.h. es müssen Identität,[23] Harmonie[24] oder Neutralität[25] zwischen den Unternehmenszielsystemen (SCHMIDT-SUDHOFF 1967) vorliegen.

2.1.3 Probleme und Ursachenforschung

Wie jede unternehmerische Aktivität sind auch Kooperationen mit Risiken behaftet. Daher ist es nicht verwunderlich, dass es eine Vielzahl von Studien gibt, die die Ursachen für das Scheitern von Kooperationen untersucht und mögliche Lösungswege zur Risikominimierung aufgezeigt habt (HARRIGAN 1986; MAN 2001; SEGIL 2002 und VARIS ET AL. 2005). Interessanterweise haben zahlreiche Untersuchungen zum Ergebnis geführt, dass die meisten Kooperationen häufiger an Problemen im sozialen bzw. kommunikativen Bereich scheitern als an Mängeln in der strategischen Ausrichtung oder an Fehleinschätzungen der notwendigen Ressourcen. FONTANARI sieht beispielsweise die Vernachlässigung der „Pflege des Soft-factor-Bereichs (Vertrauen, Kultur, Verständnis)" als einen wichtigen Grund für das Scheitern von Kooperationen an (FONTANARI 1995, 123). SYDOW betrachtet Unternehmens-netzwerke als einen besonderen Typus sozialer Netzwerke, der als solcher „nicht von vornherein auf ökonomische Austauschbeziehungen oder Transaktionen zu verkürzen" ist (SYDOW ET AL. 2002, 15) und beschreibt erfolgreiche Netzwerkarbeit als „Management von Spannungsverhältnissen" (SYDOW 2006). Typische Problem-bereiche von Unternehmenskooperationen sind in Tabelle 2.3 dargestellt.

---

[23] Zielidentität ist bei einigen Autoren zwingende Voraussetzung für den Kooperationserfolg (BRONDER 1992 und JOHN ET AL. 1997).
[24] Harmonische Ziele können sich im Unterschied zu identischen Zielen in Bezug auf Inhalt und Zeit unterscheiden (FONTANARI 1996, 164ff.).
[25] Neutrale Ziele sind zusätzlich durch einen nicht korrelativen Erfüllungsgrad gekennzeichnet (FONTANARI 1996, 164ff.).

Problembereich	Erläuterung	Involviertheit des sozialen oder kommunikativen Bereiches
mehrdeutige Beziehungen	unterschiedliche Motive der kooperierenden Unternehmen, Unklarheit über die wahren Motive, unterschiedliche Strategien bei verschiedenen Personen eines Unternehmens	teilweise
Kooperation vs. Wettbewerb	Einschränkung der Strategieoptionen und Flexibilität durch die Kooperation, Kooperationspartner können auf einem Markt kooperieren und auf einem anderen konkurrieren	nein
betriebliche Denkweise	fehlendes Verständnis für die Unternehmenskultur der Kooperationspartner	ja
Tyrannei der Details	hoher Aufwand an Abstimmungsprozessen zwischen den Kooperationspartnern	ja
komplexe Zusammenhänge	mangelnde Kenntnis der Zusammenhänge von Strategie, Struktur und Systemen der Kooperationspartner	teilweise
soziale und kulturelle Aspekte	Defizite im Aufbau und der kontinuierlichen Pflege von Vertrauen	ja

Tabelle 2.3:   Typische Problembereiche von Unternehmenskooperationen[26]

Die genannten Probleme werden als kritische Erfolgsfaktoren betrachtet und können mehrheitlich dem sozial-kommunikativen Bereich zugeordnet werden. Vertrauen, sich ergänzende Ziele und eine funktionierende Kommunikation werden als Schlüssel zu erfolgreichen Kooperationen angesehen (BAUMANN ET AL. 2001; DUYSTERS ET AL. 2001; KÄSCHEL ET AL. 2003; SCHUH ET AL. 2005 und DAMMER 2007).

2.2   Kommunikation

2.2.1   Begriffsbestimmung

Kommunikation ist ein sowohl fach- als auch alltagssprachlich verwendeter Begriff mit zahlreichen Bedeutungsinhalten (PÜRER 2001, 3). Die offensichtliche Komplexität (MALETZKE 1998, 36ff.) und Vielgestaltigkeit von Kommunikation (FEIFEL 1995) zeigt sich insbesondere bei DANCE/LARSON, denen es gelungen ist, 126 verschiedene Definitionen von Kommunikation zusammenzutragen (DANCE/LARSON 1976, Appendix A) und bei MERTEN, der 160 verschiedene Begriffsbestimmungen fand (MERTEN 1977).

---

[26] I.A.a. YOSHINO/RANGAN 1995, 109ff.

Der Begriff stammt ursprünglich aus dem 14. Jahrhundert und wurde vom lateinischen *communicatio* (Mitteilung), *communicare* (teilhaben) und *communis* (gemeinsam) abgeleitet (RANDOM HOUSE 2006 und ONLINE ETYMOLOGY DICTIONARY 2007). In den deutschen Sprachgebrach fand der Begriff erst in den 1960er Jahren Eingang (WATZLAWICK ET AL. 1967, 17).

Abbildung 2.4 gibt einen Überblick über einige wesentliche Aspekte von Kommunikation. Als Darstellungsform wurde bewusst eine Mind Map gewählt, da sich sowohl morphologische als auch taxonomische Ansätze für eine holistische Betrachtung als ungeeignet erwiesen haben. Die dargestellten Begriffe finden u.a. in folgenden Wissenschaftszweigen Anwendung:

- Soziologie,
- Kommunikationswissenschaft,
- Informationswissenschaft/Informatik,
- Medienwissenschaft,
- Mathematik/Wahrscheinlichkeitstheorie/Statistik,
- Kybernetik,
- Nachrichtentechnik,
- Sprachwissenschaft/Linguistik,
- Psychologie,
- Semiotik,
- Systemtheorie,
- Biologie,
- Wirtschaftswissenschaft/Betriebswirtschaft/Marketing,
- Physik.

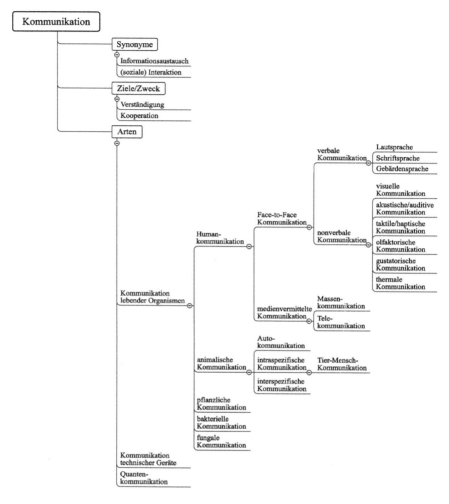

Abbildung 2.4:   Wesentliche Aspekte von Kommunikation

Synonyme

Überall da, wo das Sender-Empfänger-Modell Verwendung findet, wird Kommunikation häufig mit *Informationsaustausch* zwischen Akteuren gleichgesetzt (GRIMM 2005 und BRAUN ET AL. 2007). In erster Linie sind es technische Anwendungsgebiete, aber auch soziologische oder wirtschaftswissenschaftliche Betrachtungen, bei denen das Kommunikationsmedium bzw. der Kommunikationskanal im Mittelpunkt des

Interesses steht (PROSS 1972 und BURKART 2002). Der Begriff der *Interaktion* wird insbesondere im soziologisch-psychologischen Kontext als Synonym zu Kommunikation verwendet (GRAUMANN 1972 und SCHENK 1994). Darüber hinaus wurde in der Informatik der Begriff der Mensch-Maschine-Interaktion geprägt, der die Gestaltung von Benutzerschnittstellen zu Hard- und Software beschreibt (ISO 9241).

Ziele/Zweck

Als primäres Kommunikationsziel wird die *Verständigung* betrachtet, wobei mit Verständigung (1) das gegenseitige Verstehen durch Wahrnehmung und gedankliche Verarbeitung, (2) die Verständigung im Sinne einer Mitteilung oder Meldung oder (3) das Finden eines Konsenses gemeint sein kann (SPITZ 1988 und GALLIKER/WEIMER 2006). Als Kommunikationszweck wird insbesondere im Bereich der menschlichen und animalischen Kommunikation das gemeinschaftliche Problemlösen angesehen. Kommunikation dient insofern zur *Koordination* von Handlungen zwischen verschiedenen Individuen (SCHMITT 2007). Unter Nutzung der *Conditio-sine-qua-non-Formel*[27] wird in der Pragmatik die verhaltensmäßige Wirkung menschlicher Kommunikation betrachtet (WATZLAWICK ET AL. 1967).

2.2.2 Arten

Kommunikation lebender Organismen

Die Kommunikation lebender Organismen ist der ursprüngliche Anwendungsbereich des Kommunikationsbegriffs. Kommunikation ist ein Merkmal des Lebens (LEXIKON DER BIOLOGIE 2006), und das in mehrfacher Hinsicht: (1) Jedes Lebewesen reagiert auf äußere Reize.[28] (2) Die Zellen bzw. Zellbestandteile kommunizieren untereinander. (3) Die Fortpflanzung kann als „genetische Kommunikation" mit der nächsten Generation betrachtet werden.

Die *Humankommunikation* ist der sicherlich am intensivsten untersuchte Bereich der Kommunikation. Wenn die Entfernung zwischen den Kommunikationspartnern als Unterscheidungskriterium für Kommunikationsarten gewählt wird, kann zwischen *Face-to-Face-Kommunikation* und *medienvermittelter Kommunikation* differenziert

---

[27] Mit „conditio sine qua non" (lat. „Bedingung, ohne die nicht") bezeichnet man eine Bedingung, von der nicht abgesehen werden kann bzw. von der man nicht abgehen will.

[28] Informationsaustausch mit der Umwelt.

werden. Face-to-Face-Kommunikation kann *verbal* und *nonverbal* erfolgen. Die wichtigsten Arten verbaler Kommunikation sind *Lautsprache, Schriftsprache* und *Gebärdensprache*.[29] Nonverbale Kommunikation wird i.d.R. nach dem verwendeten Kommunikationskanal unterschieden (KNAPP 1972 und FIEDLER 2007):

1. *Visuelle Kommunikation* vermittelt die meisten nonverbalen Informationen. Sie umfasst Mimik, Gestik, Körperhaltung (Pantomimik), Bewegungsmuster, Nähe und Distanz (Proxemik), die Pupillengröße des Gegenübers, vegetative Symptome (z.B. Erröten, Schwitzen), äußere Attribute (Körpergröße, Kleidung, Frisur etc.) und anderes (z.B. Blickkontakt).[30]

2. *Akustische/auditive Kommunikation* umfasst neben dem gesprochenen Wort auch paraverbale Komponenten (Tonfall, Rhythmus, Lautstärke, Redefluss)[31] und extralinguistische Elemente (Lachen, Seufzen, Gähnen etc.).

3. *Taktile/haptische Kommunikation* erfolgt über Berührung (z.B. Händedruck bei der Begrüßung und Verabschiedung, Schulterklopfen, Begrüßungskuss, Umarmung u.a.).

4. *Thermale Kommunikation* ist häufig mit taktiler Kommunikation verbunden und bezeichnet das Wärmeempfinden (z.B. kalte oder warme Hand bei der Begrüßung mit Händedruck).

5. *Olfaktorische Kommunikation* vermittelt Gerüche, die vom Kommunikationspartner ausgehen (z.B. Parfüm, Transpirations- und Mundgeruch, Pheromone).

6. *Gustatorische Kommunikation* umfasst Geschmacksempfindungen (z.B. Kuss, Essen).

Die bisher beschriebenen Kommunikationskanäle nutzen ausschließlich äußere Sinne.[32] Darüber hinaus werden seit ARISTOTELES (ARISTOTELES, V384–V322 ET AL. 1995 und KANT, 1770 ET AL. 1998) verschiedene innere Sinne[33] diskutiert, die gleichfalls als Kommunikationskanäle dienen (z.B. Imagination, Empathie, Emotionen u.a.). Da der bisherige wissenschaftliche Erkenntnisgewinn bezüglich dieser Kommunikationsformen äußerst gering ist, wird nachfolgend auf deren Betrachtung verzichtet.

---

[29] Laut-, Schrift- und Gebärdensprache sind auch bei medienvermittelter Kommunikation zu finden.
[30] Viele dieser Ausprägungen nonverbaler, visueller Kommunikation werden in der Kinesik (Teildisziplin der ethologisch orientierten Kommunikationswissenschaft) untersucht.
[31] Wird auch als vokale Kommunikation bezeichnet.
[32] Sensus exterior.
[33] Sensus interior.

Die *medienvermittelte Kommunikation* als weitere Form der Humankommunikation nutzt aufgrund der räumlichen oder zeitlichen Entfernung zwischen den Kommunikationspartnern verschiedene Medien zur Raum- bzw. Zeitüberbrückung. Diese Medien sind unterschiedlichster Natur:

- Felswand (z.b. Höhlenzeichnungen in der Chauvet-Höhle bei Vallon-Pont d'Arc (Frankreich), ca. 30. Jahrtausend v. Chr.)

- Tontafel (z.b. Gebiet des fruchtbaren Halbmonds, 5. Jahrtausend v. Chr.)

- Papyrus/Papier (z.b. Ägypten, 3. Jahrtausend v. Chr.)

- Feuer (z.b. Fackeltelegrafie im Peloponnesischen Krieg, 431–404 v. Chr.)

- Sonnenlicht (z.b. Heliografie[34] in Griechenland, 405 v. Chr.)

- Rauch (z.b. Rauchzeichen von der Chinesischen Mauer aus, ca. 214 v. Chr.)

- Schall (z.b. Buschtrommeln in Westafrika, 15. Jahrhundert)[35]

- elektrischer Strom (z.b. erste Telegrafenverbindung, Francis Ronalds, 1816)

- elektromagnetische Wellen (z.b. erste Funkverbindung, Guglielmo Marconi, 1896)

Im engeren Sinne werden unter medienvermittelter Kommunikation computerbasierte Kommunikationsformen[36] verstanden (THURLOW ET AL. 2004 und KIMPELER ET AL. 2007), wobei zwischen asynchronen (E-Mail, Newsgroup, Usenet, Blog, Internetforum etc.) und synchronen Formen unterschieden wird (Chat, MUD, Videokonferenz, Internettelefonie/VoIP etc.). Eine weitere Möglichkeit zur Kategorisierung ist die Anzahl der beteiligten Kommunikationspartner (one-to-one, one-to-many, many-to-one und many-to-many CMC). Sozialpsychologische Phänomene der computer-vermittelten Kommunikation sind (DÖRING 2003):

- erweitertes Kommunikationsumfeld: CVK reduziert Raum- und Zeitgrenzen und ermöglicht damit das Finden neuer potenzieller Kommunikationspartner.

- Kanalreduktion: Im Gegensatz zur Face-to-Face-Kommunikation sind nicht alle Kommunikationskanäle verfügbar. Darüber hinaus kann ein zeitlicher Versatz in

---

[34] Nutzung von Spiegeln zur Reflexion von Sonnenlicht an entfernte Beobachter. Im antiken Griechenland wurden polierte Schilde als Spiegel benutzt.

[35] Die älteste dokumentierte Überlieferung stammt aus dem 15. Jahrhundert. Es ist aber anzunehmen, dass Buschtrommeln auch schon früher Anwendung fanden.

[36] Computervermittelte Kommunikation (CVK).

der Kommunikation entstehen.[37] Dieser führt laut Kanalreduktionstheorie (METTLER VON MEIBOM 1994) zu einer defizitären und unpersönlichen Kommunikation. Die fehlende nonverbale Kommunikation kann durch Emoticons – zumindest teilweise – ersetzt werden.

• herabgesetzte Hemmschwelle: Die – häufig nur vermutete – Anonymität kann sowohl zu mehr Offenheit bei schüchternen und unsicheren Menschen als auch zu Aggressivität aufgrund von Missverständnissen führen.[38]

Abbildung 2.5 stellt die *Evolution der Kommunikation* anhand der Anzahl der verfügbaren Medien in der medienvermittelten Kommunikation dar.

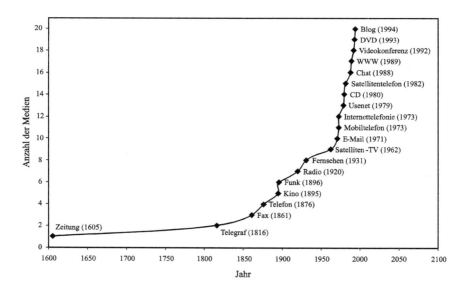

Abbildung 2.5:   Evolution der Kommunikation[39]

Massenkommunikation kann als Sonderform medienvermittelter Kommunikation betrachtet werden und bezeichnet eine Kommunikationsform, „bei der Aussagen

---

[37]   Bei asynchroner Kommunikation.
[38]   Anonymität erhöht das Sicherheitsgefühl und – je nach Persönlichkeitsstruktur – ggf. auch das Aggressivitätspotenzial bei den Kommunikationspartnern. Missverständnisse aufgrund der Kanalreduktion können somit leicht eskalieren.
[39]   I.A.a. MERTEN 1994, 142.

öffentlich (also ohne begrenzte und personell definierte Empfängerschaft), durch technische Verbreitungsmittel (Medien), indirekt (also bei räumlicher oder zeitlicher oder raumzeitlicher Distanz der Kommunikationspartner) und einseitig (also ohne Rollenwechsel zwischen Aussagenden und Aufnehmenden) an ein disperses Publikum [...] gegeben werden" (MALETZKE 1963, 32 mit HICKETHIER 1988, 52), wobei die Begriffe „disperses Publikum" sowie „indirekt und einseitig" bei einigen Formen heutiger Massenkommunikation nicht mehr vollständig zutreffend sind. Als typische Massenmedien gelten Radio und Fernsehen, Bücher/Zeitschriften/Tageszeitungen, Kino, Internet, Videospiele und Audio/Video-CD/DVD. Den Gegensatz zur Massenkommunikation bildet die Individualkommunikation.

Telekommunikation ist eine weitere Sonderform medienvermittelter Kommunikation. Ursprünglich bezeichnete der Begriff die Informationsübertragung über eine gewisse Distanz.[40] In heutiger Zeit werden damit Kommunikationsformen assoziiert, die elektrische Sender und Empfänger verwenden (Telefon, TV, Radio, Computer etc.). Telekommunikationseinrichtungen sind elementarer Bestandteil der Infrastruktur eines Staates. Der Begriff Telekommunikation ist eng verbunden mit den Begriffen IuK und IKT.

Animalische Kommunikation – auch als Zoosemiotik bezeichnet – untersucht die Kommunikation von Tieren (SEBEOK 1972 und HOCKETT 1977). Es können folgende Arten unterschieden werden:

- *Autokommunikation* (Sender und Empfänger sind gleich, z.B. Echoortung bei Delfinen, Walen und Fledermäusen),

- *interspezifische Kommunikation* (erfolgt zwischen Tieren verschiedener Arten, z.B. bei Parasitismus, Mimikry, Symbiosen sowie bei Aggressions- und Verteidigungsritualen),

  - *Mensch-Tier-Kommunikation* (wird häufig als Sonderform der interspezifischen Kommunikation betrachtet),

- *intraspezifische Kommunikation* (erfolgt zwischen Tieren einer Art),

  - *Unidirektionale Kommunikation* (verläuft nur in eine Richtung vom Sender zum Empfänger, z.B. Bienen tanzen, um ihren Artgenossen die Position einer Futterquelle mitzuteilen),

---

[40] Fernkommunikation.

■ *Symmetrische Kommunikation* (zeigt potenzielle Möglichkeiten der Dialogfähigkeit auf, z.B. das Verhalten von Hunden während des Rituals zur Kontaktaufnahme).

Die *pflanzliche Kommunikation* ist ein Teilgebiet der Biokommunikation (TEMBROCK 1971 und WITZANY 2007) und noch relativ unerforscht. Nachdem die wissenschaftliche Methodik bei BACKSTERs Nachweis pflanzlicher Kommunikation (BACKSTER 1968) kritisiert und seine Ergebnisse in Frage gestellt wurden, ist die pflanzliche Kommunikation seit einigen Jahren wieder in den Fokus wissenschaftlichen Interesses gerückt (PLANT COMMUNICATION 2006).

Auch *bakterielle* und *fungale Kommunikation* sind relativ junge Forschungsgebiete. Der wissenschaftliche Nachweis von Kommunikationsprozessen und -mechanismen gelingt aber in den letzten Jahren immer häufiger (JOINT ET AL. 2007 und TSITSIGIANNIS/KELLER 2007).

Kommunikation technischer Geräte

Die Kommunikation technischer Geräte bezeichnet den Datenaustausch zwischen einfacheren (z.B. Telefon) oder komplexeren (z.B. Computer) i.d.R. elektrisch betriebenen Geräten[41] und umfasst alle dafür erforderlichen Spezifikationen (z.B. Netzwerkprotokolle). Im allgemeinen werden grundlegende Prinzipien der menschlichen Kommunikation auf technische Geräte übertragen.[42] Einige typische Beschreibungsmerkmale sind:

- Anzahl der Kommunikationsparteien (ein Empfänger: unicast; mehrere Empfänger: multicast),

- Richtung der Kommunikation (eine Richtung: simplex; beide Richtungen abwechselnd: halbduplex; beide Richtungen gleichzeitig: vollduplex),

- Stellung der Kommunikationsteilnehmer (gleichberechtigt: Peer-to-Peer oder symmetrisch; nicht gleichberechtigt: asymmetrisch, z.B. Client/Server),

- Antwortverhalten (Warten auf Antwort nach einer Anfrage: synchron; nicht Warten: asynchron),

---

[41] Optische Telegrafie mit Hilfe von Semaphoren ist ein Beispiel für technische Kommunikationseinrichtungen, die nicht elektrisch betrieben werden. Aufgrund der Wetterabhängigkeit werden diese heute nicht mehr benutzt (CROWLEY/HEYER 1991).

[42] Sender-Empfänger-Modell (SHANNON/WEAVER 1949 und HALL 1973).

- Aufbau des Datenstroms (Datenpakete: paketorientiert; kontinuierlicher Datenstrom: Streaming),

- Verbindungsorientierung/Zuverlässigkeit (verbindungsorientiert/zuverlässig: z.b. TCP; verbindungslos/unzuverlässig: z.B. UDP, RTP).

Als Beginn der Computerkommunikation wird die Veröffentlichung von LICKLIDER/ TAYLOR „The computer as a communication device" angesehen (LICKLIDER/TAYLOR 1968). Das Konzept wurde später im Projekt ARPANET – welches als Vorläufer des heutigen Internets gilt – umgesetzt (HAFNER/LYON 2000).

Quantenkommunikation

Eine besondere Erweiterung erfährt der Kommunikationsbegriff in der Quantenmechanik. Das erstmals 1935 von EINSTEIN, PODOLSKY UND ROSEN (EINSTEIN ET AL. 1935) formulierte und später experimentell nachgewiesene (GRÖBLACHER ET AL. 2007) Phänomen der Quantenverschränkung[43] beschreibt Teilchen, die so eng miteinander verbunden sind, dass die Messung des einen den Zustand des anderen sofort beeinflusst – egal wie weit sie voneinander entfernt sind. Dies setzt eine wie auch immer geartete Kommunikation zwischen den Teilchen voraus.

Allgemein wird in der Physik der Begriff der Kommunikation weiter gefasst. Jede Beeinflussung[44] wird als Kommunikation betrachtet.

2.2.3 Bedeutung

Um die Bedeutung von Kommunikation für die menschliche Gesellschaft zu verdeutlichen, sind in Tabelle 2.4 einige Statistiken dargestellt. Sie zeigen eindrucksvoll die Dimensionen von Kommunikation in der heutigen Zeit.

---

[43] Dieser Effekt wurde von Einstein als „spukhafte Fernwirkung" bezeichnet (ZEILINGER/GRIESE 2005). Ursprünglich auch ERP-Paradoxen genannt.

[44] Im Sinne von Ursache und Wirkung (Kausalität).

Kategorie	Anzahl	Erläuterung	Quelle
Bücher	4 Mrd.	verkaufte Exemplare p.a.	LYMAN/VARIAN 2003
Zeitungen	25.276 159 Mio.	Titel verkaufte Exemplare p.a.	LYMAN/VARIAN 2003 [ISSN 2001]
Zeitschriften	117.609	Titel	LYMAN/VARIAN 2003 [ULRICHS 2001]
Newsletter	40.000	Titel	LYMAN/VARIAN 2003 [ULRICHS 2001]
Radio	47.776	Sender	LYMAN/VARIAN 2003 [CIA 2002]
Fernsehen	21.264	Sender	LYMAN/VARIAN 2003 [CIA 2002]
Telefon	1,3 Mrd. 2,7 Mrd.	Festnetzanschlüsse Mobilfunkanschlüsse	ITU 2007
Internet	1,1 Mrd.	Nutzer	ITU 2007
E-Mail	97 Mrd.	täglich	IDC 2007

Tabelle 2.4:   Statistiken über die weltweite Bedeutung von Kommunikation

2.3   Modellierung

2.3.1   Begriffsbestimmung

Prozessmodellierung

Mit dem Begriff der *Prozessmodellierung*[45] wird eine Anzahl von Ideen assoziiert, die sich alle mit dem dynamischen Verhalten von Organisationen, Unternehmen oder ganz allgemein Systemen beschäftigen. Gemeinsamer Grundgedanke ist die Vorstellung eines solchen Systems als das Operieren zusammenhängender Prozesse. Um Systeme zu untersuchen und zu erfassen, werden ausgehend von verschiedenen Blickwinkeln Prozessmodelle entwickelt und bestimmte Modellierungsmethoden angewandt.

---

[45] Auch Geschäftsprozessmodellierung (GPM), engl.: Business Process Modeling (BPM) oder Business Modeling.

Einer der ersten Autoren, der Prozesse beschrieb, war ADAM SMITH[46] mit seinem berühmten Beispiel der Nadelherstellung:

„One man draws out the wire, another straights it, a third cuts it, a fourth points it, a fifth grinds it at the top for receiving the head (...)"
(SMITH 1776, 15)

Nachdem vereinzelt weitere Autoren den *Prozess* in den Fokus ihrer Betrachtungen gerückt hatten (TAYLOR 1911; NORDSIECK 1932; KOSIOL 1962; GAITANIDES 1983 und PORTER 1985), gelang erst in den 1990er Jahren mit der Einführung des *Business Process Reengineering (BPR)* der Paradigmenwechsel von der Funktions- zur Prozessorientierung[47] (DAVENPORT/SHORT 1990 und HAMMER 1990). Bis zu dieser Zeit standen primär die Aufbauorgansiation und somit funktionale Aspekte im Mittelpunkt betriebswirtschaftlicher Betrachtungen.

Geschäftsprozess

Gegenstand der Prozessmodellierung ist der Geschäftsprozess, d.h. bei der GPM werden Geschäftsprozesse oder Abschnitte davon abstrahiert dargestellt[48] und somit modelliert. Der Schwerpunkt liegt auf dem Modellieren des zeitlichen und vorgangslogischen Ablaufs.

Wie BECKER/VOSSEN anmerkten, ist das Gebiet der GPM „derzeit" noch zu sehr in der Diskussion als dass der Begriff „abschließend und endgültig definiert werden" könnte (BECKER/VOSSEN 1996, 18). Dieser Zustand hat sich bis heute nicht wesentlich geändert, auch wenn es zweifelhaft erscheint, ob jemals eine „endgültige" Definition irgendeines Begriffs existieren wird (siehe Tabelle 2.5).

---

[46] Begründer der klassischen Volkswirtschaftslehre (klassische Nationalökonomie).
[47] Engl. Business Process Orientation (BPO).
[48] Meist grafisch, teilweise aber auch textuell (z.B. BPEL).

Autor	Definition
HAMMER/ CHAMPY 1993	„We define a **business process** as a collection of activities that takes one or more kinds of inputs and creates an output that is of value to the customer."
DAVENPORT 1993	„A **[business] process** is simply a structured, measured set of activities designed to produce a specific output for a particular customer or market [...]. A **[business] process** is a specific ordering of work activities across time and place, with a beginning, an end, and clearly identified inputs and outputs: a structure for action."
JOHANSSON/ MCHUGH 1993	„A **business process** is a set of linked activities that take an input and transform it to create an output. Ideally, the transformation that occurs in the process should add value to the input and create an output that is more useful and effective to the recipient either upstream or downstream."
MANGANELLI/ KLEIN 1994	„A **[business] process** is an interrelated series of activities that convert business inputs into business outputs (by changing the state of relevant business entities)."
RUMMLER/ BRACHE 1995	„A **business process** is a series of steps designed to produce a product or service. Most processes [...] are cross-functional, spanning the ‚white space' between the boxes on the organization chart. Some processes result in a product or service that is received by an organization's external customer. We call these primary processes. Other processes produce products that are invisible to the external customer but essential to the effective management of the business. We call these support processes."
HAMMER 1996	„A **[business] process** [...] is a related group of tasks that together create a result of value to a customer."
BECKER/ VOSSEN 1996	„[...] ein **[Geschäfts-] Prozess** könnte definiert werden als die inhaltlich abgeschlossene zeitliche und sachlogische Abfolge der Funktionen, die zur Bearbeitung eines betriebswirtschaftlich relevanten Objekts notwendig sind."
BOKRANZ/ KASTEN 2001	„Als **Geschäftsprozess** wird der zum Absatz eines Produkts oder zum Erstellen einer Dienst- oder Verwaltungsleistung erforderliche Input und der zu erzielende Output, die Aktionsfolge (Input-Output-Transformation, Ablauf) sowie die dabei relevanten Aktionsträger (Mensch, Arbeits-/Sachmittel) bezeichnet, die zum Erzielen dieses Outputs erforderlich sind. Als Output entsteht ein Arbeitsergebnis."
GRÄSSLE ET AL. 2007	„Ein **Geschäftsprozess** ist eine Zusammenfassung von fachlich zusammen-hängenden Geschäftsaktivitäten, die notwendig sind, um einen Geschäftsfall zu bearbeiten. Die einzelnen Geschäftsaktivitäten können organisatorisch verteilt sein, stehen aber gewöhnlich in zeitlichen und logischen Abhängigkeiten zueinander. Geschäftsaktivitäten laufen koordiniert parallel oder nacheinander ab und dienen der Erreichung eines Ziels. Sie können manuell oder IT-unterstützt ausgeführt werden. innerhalb einer betrieblichen Organisations-struktur mit dem Zweck, ein betriebliches Ziel zu erreichen."

Tabelle 2.5:   Geschäftsprozessdefinitionen

2.3.2 Hintergründe

„In den frühen 1980er Jahren, als die amerikanische Automobilindustrie in einer Krise war, legte die Unternehmensleitung von Ford die Kreditorenbuchhaltung – neben vielen anderen Abteilungen – unter ein Mikroskop, um nach Möglichkeiten zur Kostenreduzierung zu suchen. Allein die Kreditorenbuchhaltung in Nordamerika beschäftigte mehr als 500 Leute. Das Management dachte, dass es durch Rationalisierungsprozesse und die Installation eines neuen Computersystems den Personalbestand um etwa 20 Prozent reduzieren könnte. Ford war begeistert über den Plan, die Kreditorenbuchhaltung zu verkleinern – bis sie zu Mazda sahen. Während Ford eine 400-Personen-Abteilung anstrebte, bestand die Kreditorenbuchhaltung von Mazda aus insgesamt fünf Leuten.“ (übers. nach HAMMER 1990, 105)

So begann MICHAEL HAMMER in seinem Artikel im *Harvard Business Review* von Juli/August 1990 die Erklärung, worin der potenzielle Nutzen der Prozessmodellierung liegt und legte damit den Grundstein für die „Reengineering Revolution".[49] Wie dieses Beispiel zeigt, diente die Prozessmodellierung ursprünglich der *Bestandsaufnahme* von historisch gewachsenen Geschäftsprozessen in Großunternehmen.[50] Später wurde die GPM auch zur Modellierung der *geplanten Geschäftsprozesse* im Zuge des BPR eingesetzt. HAMMER vertrat die Auffassung, dass das Erfassen und Untersuchen des Ist-Zustands von Geschäftsprozessen, die „über Bord geworfen" werden sollen, nicht sinnvoll ist, da dies die Kreativität behindere und darüber hinaus Zeit- und Ressourcenverschwendung sei (HAMMER/CHAMPY 1993).

In dieser Aussage wird die Radikalität des BPR-Ansatzes deutlich.[51] Im Gegensatz zu *Kaizen*[52] und *KVP*,[53] bei denen bestehende Prozesse fortlaufend verbessert werden, werden beim BPR – zumindest in der ursprünglichen Form – die bisherigen Geschäftsprozesse durch völlig neue Vorgehensweisen ersetzt.[54] Diese Kritik betrifft

---

[49]   „The Reengineering Revolution" ist der Titel eines Buches von HAMMER/STANTON (HAMMER/STANTON 1995).

[50]   „First, managers analyzed the existing system." (HAMMER 1990, 105).

[51]   Diskussion und weitere Kritikpunkte in HALL ET AL. 1994, MERTENS 1996 und DAVENPORT 1996.

[52]   Kaizen (jap. 改善, Veränderung zum Besseren) ist ein von Taiichi Ohno entwickeltes japanisches Management-Konzept (IMAI 1986).

[53]   Kontinuierlicher Verbesserungsprozess. Deutsche Anpassung des japanischen Kaizen (KOSTKA/ KOSTKA 2007).

[54]   Auch als „Neuplanung auf der grünen Wiese" bezeichnet.

jedoch nur die Phase der Geschäftsprozessoptimierung (GPO) und nicht die Phase der Geschäftsprozessanalyse (GPA).[55]

2.3.3 Kommunikationsmodellierung

Im Rahmen der Geschäftsprozessmodellierung dient die Modellierung von Kommunikationsprozessen in erster Linie der Abbildung von Informationsflüssen und den dazu erforderlichen Strukturen. Beispielsweise stellt das Kommunikationsdiagramm in ARIS dar, welche Organisationseinheiten miteinander kommunizieren (siehe Abbildung 2.6). Weitere Informationen können nicht abgebildet werden (IDS 2005).

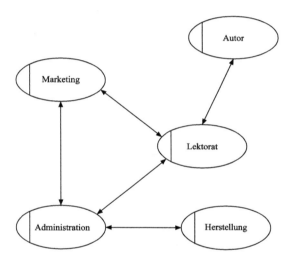

Abbildung 2.6:   ARIS-Kommunikationsdiagramm[56]

Ähnlich eingeschränkt sind die Modellierungsmöglichkeiten in KODA – zumindest auf Ebene 1 des KODA-Kommunikationsmodells. Ebene 2 erlaubt auch die Darstellung von Kommunikationsbeziehungen zwischen einzelnen Stellen, wodurch jedoch die Komplexität steigt (KÜHNLE ET AL. 1998).

---

[55] GPM ist eine Methode in der GPA-Phase; Phasenabfolge: (1) Prozessstrukturierung, (2) GPA, (3) GPO, (4) Umsetzung der Optimierungsmöglichkeiten (OULD 1995).
[56] Siehe IDS 1998, 4-107; zit. nach REMUS 2002a, 101.

Auch das UML-Kommunikationsdiagramm[57] dient der Modellierung von Kommunikationspartnern und dem Informationsaustausch zwischen ihnen. Primäres Ziel dieses Diagramms ist es, Beziehungen zwischen Kommunikationspartnern darzustellen und damit einen Überblick über komplexe Systeme zu geben.

Zur Modellierung von Details und zeitlichen Abfolgen[58] dient das UML-Sequenzdiagramm (siehe Abbildung 2.7) und seit UML 2.0 auch das neu eingeführte Timingdiagramm[59] (KECHER 2006).

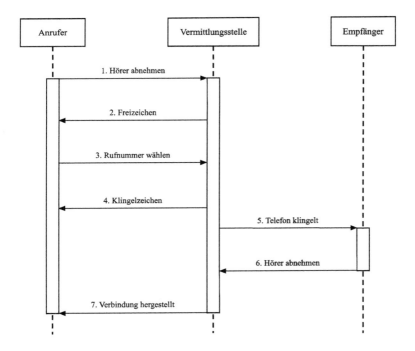

Abbildung 2.7:   UML-Sequenzdiagramm

[57] In UML 1.0 noch als Kollaborationsdiagramm bezeichnet.
[58] Inkl. Nebenläufigkeiten. Darstellung von Schachtelung und Flusssteuerung (Bedingungen, Schleifen, Verzweigungen) ist auch möglich.
[59] Fokussiert auf Zustandsänderungen an einer linearen Zeitachse.

Die bisherigen Modellierungsansätze erlauben die Darstellung von Kommunikationspartner, von zu übermittelnden Nachrichten und von Kommunikationskanälen. Sie
orientieren häufig auf die technischen Aspekte der Kommunikation[60] und sind mit der
Darstellung der Vielschichtigkeit und Komplexität menschlicher Kommunikationsprozesse[61] überfordert.

---

[60] Siehe Abschnitt 2.2.2, Kommunikation technischer Geräte.
[61] Sowohl Face-to-Face als auch medienvermittelt.

*„Man kann nicht **nicht** kommunizieren. "*
(Watzlawick et al. 1967)

3 Kooperationsrelevante Kommunikationsartefakte

3.1 Vorgehensweise

Da Kommunikation ein abstrakter Begriff ist, der in verschiedenen Wissenschaftszweigen unterschiedlich definiert wird, und daher keine allgemeingültigen Eigenschaften von Kommunikation abgehoben werden können, ist es notwendig, Aspekte zu
identifizieren, die für die Beschreibung von menschlichen Kommunikationsprozessen
innerhalb von KMU-Netzwerken geeignet sind. Diese Aspekte werden – in Anlehnung
an UML – als Artefakte bezeichnet.[62] Dazu erfolgt eine systematische Analyse von
einschlägigen Kommunikationstheorien und -modellen. Aufgrund der begrifflichen
Nähe zur Koordination[63] wird die Analyse auf Koordinationstheorien und -modelle
ausgeweitet. Weiterhin werden die potenziellen Kommunikationsartefakte auf ihre
Kooperationsrelevanz und ihre Modellierbarkeit[64] geprüft. Die Selektion, Analyse und
Bewertung wissenschaftlich anerkannter Theorien und Modelle der Kommunikation
und Koordination wird nachfolgend dargestellt.

3.2 Kommunikationstheorien und -modelle

3.2.1 Lasswell-Formel

Die Lasswell-Formel wurde 1948 vom Politik- und Kommunikationswissenschaftler
HAROLD DWIGHT LASSWELL als Modell für Massenkommunikation veröffentlicht
(LASSWELL 1948). Mit ihr wird eine explizit formulierte Frage nach den in einem
Kommunikationsprozess involvierten Kommunikationselementen gestellt: Sender,
Nachricht, Medium, Empfänger und Wirkung (siehe Abbildung 3.1). Gleichzeitig ist

---

[62] Erläuterung zur Verwendung des Begriffs Artefakt siehe Abschnitt 1.6.
[63] Kooperation als Kommunikationszweck, siehe Abschnitt 2.2.1.
[64] Darstellbarkeit mit Methoden der Geschäftsprozessmodellierung.

die Lasswell-Formel ein Beleg für das allmähliche Abrücken von der Allmachtsthese[65] der Medien. Kritikpunkte sind das fehlende Feedback[66] und die einseitige Darstellung aus Sicht des Kommunikators.

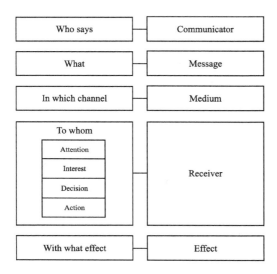

Abbildung 3.1:   Lasswell-Formel der Massenkommunikation

3.2.2   Mathematische Theorie der Kommunikation

Die mathematische Theorie der Kommunikation wurde 1948/49 von CLAUDE ELWOOD SHANNON und WARREN WEAVER veröffentlicht (SHANNON 1948 und SHANNON/ WEAVER 1949). Basierend auf den Arbeiten von NYQUIST (NYQUIST 1924 und NYQUIST 1928) und HARTLEY (HARTLEY 1928) sollte damit geklärt werden, wie eine verlustfreie Datenübertragung über elektronische Kanäle sichergestellt werden kann, wie Datensignale vom Hintergrundrauschen zu trennen sind und wie während der Übertragung auftretende Fehler erkannt und korrigiert werden können. Das Modell ist

---

[65]   Die Allmachtsthese der Medienwirkung besagt, dass die Medien die Masse der Menschen zu mehr oder weniger willfährigen Objekten derer macht, die Medien mit bestimmten Absichten produzieren (Propaganda, Werbung).

[66]   War bei Massenkommunikation in der Mitte des 20. Jahrhunderts noch nicht vorstellbar.

in Abbildung 3.2 dargestellt. Die Entwicklung der mathematischen Theorie der Kommunikation gilt als Beginn der Informationstheorie.[67]

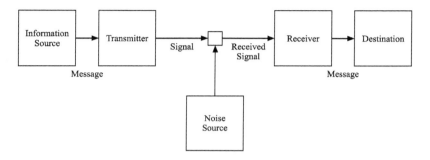

Abbildung 3.2:   Kommunikationsmodell von Shannon/Weaver

Obwohl das Kommunikationsmodell von SHANNON/WEAVER die Grundlage aller in der Soziologie und Sozialpsychologie verwendeten Kommunikationsmodelle ist, gibt es einige Kritikpunkte zu nennen:

- Es wird ausschließlich die Aktivität des Senders (Kommunikators) betrachtet. Der Empfänger ist passiv, d.h. er antwortet nicht und kann sich auch nicht der Kommunikation entziehen.

- Die Reaktion des Empfängers auf die Nachricht ist irrelevant/wird nicht erfasst.

- Die bei menschlicher Kommunikation vorkommende Zirkularität bleibt unberücksichtigt.

- Jede Diskrepanz zwischen den Codes des Senders und des Empfängers werden als unerwünschte Störung (Noise) betrachtet.[68]

3.2.3   Semiotisches Dreieck

Das semiotische Dreieck ist ein sprachwissenschaftlicher Begriff, der veranschaulicht, dass sich ein Symbol (Wort) nicht direkt und unmittelbar auf einen außersprachlichen Gegenstand (Objekt) bezieht, sondern dieser Bezug nur mittelbar durch die Vermitt-

---

[67] SHANNON gilt als Begründer der Informationstheorie.

[68] Bei zwischenmenschlicher Kommunikation ist nicht davon auszugehen, dass Sender und Empfänger *exakt* die gleiche Vorstellung von den verwendeten Begriffen und Konzepten haben (Mangel an semantischer Äquivalenz).

lung eines Begriffs[69] erfolgt. Als Begründer des semiotischen Dreiecks werden häufig OGDEN/RICHARDS angeführt (OGDEN/RICHARDS 1923). Der dreiseitige (tryadische) Zeichenbegriff ist aber schon bei PLATON (HOMBERGER 2003), ARISTOTELES (TRABANT 1996) und SCHOPENHAUER (SCHOPENHAUER 1819) zu finden. Eine Darstellung des semiotischen Dreiecks in der Fassung von OGDEN/RICHARDS ist in Abbildung 3.3 dargestellt.

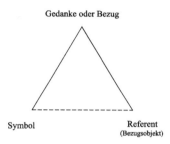

Gedanke oder Bezug

Symbol   Referent
(Bezugsobjekt)

Abbildung 3.3:   Semiotisches Dreieck nach Ogden/Richards

Das semiotische Dreieck trennt Worte, Begriffe und Objekte. Somit wird vermieden, dass Worte mit Begriffen gleichgesetzt werden und dass Begriffe mit Objekten in der Realität verwechselt werden. Es ist ein Hilfsmittel zur Erklärung von Sprache und ist in diesem Sinne einfach und bedeutungsvoll zugleich.

Das semiotische Dreieck selbst wird nicht kritisiert, wohl aber die Interpretationen einiger Autoren und der terminologische „Wildwuchs".[70]

3.2.4   *Axiome der Kommunikation*

Der österreichische Philosoph und Psychotherapeut PAUL WATZLAWICK, die kanadische Psychologin JANET HELMICK BEAVIN[71] und der amerikanische Psychiater DON D. (a.k.a. DONALD DE AVILA) JACKSON veröffentlichten 1967 eine Kommunikationstheorie, die auf fünf pragmatischen Axiomen aufbaut (WATZLAWICK ET AL.

---

[69] Subjektivierung.

[70] Weitere Autoren, die sich mit dem semiotischen Dreieck beschäftigt haben, sind u.a.: CHARLES W. MORRIS, CHARLES S. PEIRCE, FERDINAND DE SAUSSURE, LOUIS HJELMSLEV, RUDOLF CARNAP, GOTTLOB FREGE, BERTRAND RUSSELL, JOHN STUART MILL, ERIC BUYSSENS und UMBERTO ECO. Die meisten von ihnen verwenden verschiedene Begriffe für die Ecken des semiotischen Dreiecks und haben ein offensichtlich differentes Verständnis darüber.

[71] Nach ihrer Heirat veröffentlichte sie unter dem Namen JANET (BEAVIN) BAVELAS.

1967). Jede Störung von Kommunikation kann auf ein Handeln gegen diese Axiome (siehe Tabelle 3.1) zurückgeführt werden.

Axiom	Inhalt	Erklärung
1.	Man kann nicht nicht kommunizieren.	Damit ist gemeint, dass beabsichtigte Nichtkommunikation (wechselseitige Wahrnehmung vorausgesetzt) dennoch Kommunikation bedeutet (Metakommunikatives Axiom).
2.	Unterscheide den Inhalts- und den Beziehungsaspekt.	Das, was inhaltlich gesagt wird, hängt in seiner Interpretation entscheidend davon ab, wie es gesagt wird. Ein ironischer Tonfall kann z.B. den Inhalt der Aussage ins Gegenteil verkehren.
3.	Die Interpunktion der Ereignisfolge definiert die Beziehung.	Kommunikation kennt keinen Anfang und kein Ende, sondern verläuft kreisförmig. Zu jeder Situation gibt es eine vorhergehende und eine folgende Situation. Entsprechend der individuellen Wirklichkeitskonstruktion wird dieser Kreisprozess in einzelne unterscheidbare Abschnitte gegliedert.
4.	Unterscheide digitale und analoge Kommunikation.	Mit digitaler Kommunikation ist verbale Kommunikation (Sprache als System von Zeichen), mit analoger Kommunikation nonverbales Ausdrucksverhalten gemeint. In Analogie zum 2. Axiom bestimmt die nonverbale Kommunikation, wie die gesprochenen Worte interpretiert werden.
5.	Unterscheide symmetrische und komplementäre Kommunikation.	Komplementäre Kommunikation liegt vor, wenn zwischen den Partnern ein Autoritätsverhältnis (differente soziale Position) besteht. Anderenfalls liegt symmetrische Kommunikation (gleiche soziale Position) vor.

Tabelle 3.1:   Axiome der Kommunikation

Die Axiome der Kommunikation wurden teilweise einer starken Kritik unterzogen, allerdings ohne den „Mythos" WATZLAWICK zu beschädigen. Die wesentlichsten Kritikpunkte sind:

- Die Kommunikationstheorie ist nicht stringent und zerfällt in einen Teil „Systemtheorie" und einen Teil „Axiome", wobei mit Ausnahme des dritten Axioms keine direkten Verbindungen erkennbar sind.

- Die verwendeten Begrifflichkeiten sind unscharf und teilweise verwirrend. Beispielsweise wird Kommunikation mit Verhalten gleichgesetzt. Verhalten existiert aber unabhängig von Kommunikation.

- Die Aussage „Es ist unmöglich, nicht zu kommunizieren" (1. Axiom) trifft bestenfalls unter drei Bedingungen zu: (1) Es sind nur zwei Kommunikationspartner beteiligt. (2) Ihre Aufmerksamkeit liegt jeweils bei der anderen Person.

(3) Mindestens einer bringt seine Absicht, nicht kommunizieren zu wollen, deutlich zum Ausdruck.

3.2.5   Organonmodell

Das Organonmodell der Sprache wurde 1934 vom deutschen Psychologen KARL BÜHLER veröffentlicht (BÜHLER 1934). Als Grundlage für seine Sprachtheorie diente PLATONS „Kratylos"[72] (PLATON, V427–V347 ET AL. 2004), in dem die Sprache als ein *Organon* (griech. für Werkzeug, lat. organum) bezeichnet wird, mit dessen Hilfe eine Person der anderen etwas über „die Dinge" mitteilt (siehe Abbildung 3.4).

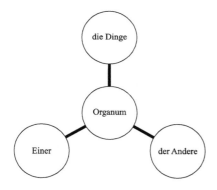

Abbildung 3.4:   Ausgangsform des Sprachmodells von Bühler

Im Zentrum des Modells steht das *Organum*, die Sprache. Sie steht in Relation zu drei anderen Elementen: *Einer* (Sender), *der Andere* (Empfänger) und *die Dinge* (Gegenstände und Sachverhalte). Daraus leitete BÜHLER das Organonmodell ab, welches drei Funktionen der Sprache unterscheidet:

- Darstellungsfunktion: Mittels des *Symbols* wird der Bezug zu Gegenständen, Erkenntnissen und Sachverhalten hergestellt.

- Ausdrucksfunktion: Mittels des *Symptoms* wird der Bezug zum Sender hergestellt, indem durch Sprache dessen Befindlichkeiten zum Ausdruck gebracht werden.

---

[72] Dialog über sprachphilosophische Themen.

- Appellfunktion: Mittels des *Signals* wird dem Empfänger eine (meist sozial relevante) Nachricht mitgeteilt.

Das Organonmodell war Grundlage für verschiedene andere Modelle (z.B. das Kommunikationsquadrat von SCHULZ VON THUN, siehe Abschnitt 3.2.6). Nachteilig ist, dass das Modell auf bestimmte Redekonstellationen begrenzt ist und komplexere, über zwei Personen hinausgehende Kommunikationsprozesse unberücksichtigt bleiben. Zusätzlich konzentriert sich das Modell ausschließlich auf Sprache und ist somit für die Darstellung nonverbaler Kommunikation ungeeignet.

3.2.6   Kommunikationsquadrat

Das Kommunikationsquadrat (auch als Vier-Seiten-Modell oder Vier-Ohren-Modell bezeichnet) ist ein Kommunikationsmodell des Psychologen FRIEDEMANN SCHULZ VON THUN (SCHULZ VON THUN 1981). Nach diesem Modell gibt es vier Ebenen der Kommunikation (siehe Abbildung 3.5):

- die Sachebene (Daten, Fakten und Sachverhalte),

- die Selbstoffenbarungsebene (bewusste und gewollte Selbstdarstellung sowie unfreiwillige, dem Sender nicht bewusste, Selbstenthüllung),

- die Beziehungsebene (Ausdruck von Wertschätzung, Respekt, Wohlwollen, Gleichgültigkeit, Verachtung o.ä.),

- die Appellebene (Wunsch oder Handlungsaufforderung).

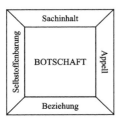

Abbildung 3.5:   Kommunikationsquadrat nach Schulz von Thun[73]

---

[73] I.A.a. SCHULZ VON THUN 2008.

Das Kommunikationsquadrat beschreibt die Mehrschichtigkeit menschlicher Äußerungen. Es kombiniert dabei WATZLAWICKs Postulat, dass jede Aussage einen Inhalts- und einen Beziehungsaspekt enthält (siehe Abschnitt 3.2.4), mit den drei Seiten des BÜHLERschen Organonmodells (siehe Abschnitt 3.2.5). Insofern gibt es auch bei SCHULZ VON THUN keine theoretische Reflexion auf den verwendeten Kommunikationsbegriff. Es wird stillschweigend davon ausgegangen, dass Menschen sich gegenseitig mit Botschaften oder Mitteilungen mehr oder weniger gut verständlich machen.

3.2.7 Sprechakttheorie

1955 hielt der englische Ethikprofessor JOHN LANGSHAW AUSTIN an der Harvard University eine Gastvorlesung, in der er den Sprachphilosophen seiner Zeit vorwarf, sie hätten sich nur mit dem logischen Aspekt von Äußerungen befasst und dabei übersehen, dass eine Äußerung immer zugleich eine Handlung darstellt. Diese Vorlesung wurde 1961 posthum[74] veröffentlicht (AUSTIN/URMSON 1961) und gilt als Geburtsstunde der Sprechakttheorie (auch Sprechhandlungstheorie). Nach AUSTIN hat jede Äußerung drei Dimensionen:

- Lokution: Die Äußerung von Worten, die einem Vokabular angehören und einer Grammatik folgen. Auf dieser Ebene kann die Äußerung auf ihre Wahrheit geprüft werden.

- Illokution: Die Rolle der Äußerung, z.B. eine Entschuldigung, ein Befehl oder eine Feststellung.

- Perlokution: Die unmittelbare Folge der Äußerung, z.B. die Tatsache, dass ein Versprechen eingehalten werden muss.

Den lokutionären (lokutiven) Akt[75] unterteilt AUSTIN weiter:

- Phonetischer Akt: Das Hervorbringen von sprachlichen Lauten, die zum Lautsystem einer bestimmten Sprache gehören.

- Phatischer Akt: Das Hervorbringen von Äußerungen, die nach den Regeln der Grammatik einer bestimmten Sprache und unter Verwendung der Wörter (Lexeme) dieser Sprache gebildet sind.

---

[74] AUSTIN starb im Februar 1960.
[75] Das Hervorbringen von Äußerungen auf der artikulatorischen, syntaktischen und semantischen Ebene.

- Rhetischer Akt: Das Hervorbringen von Äußerungen, die sowohl einen sinn-
  vollen Bezug zur Welt („reference") als auch Bedeutung
  („sense") haben.

JOHN SEARL, ein Schüler AUSTINs, sorgte für eine weitere Verbreitung sprechakt-
theoretischer Ideen. 1969 veröffentlichte er eine Weiterentwicklung der Sprechakttheorie (SEARL 1969), die bis heute Grundlage der meisten Multi-Agenten-Systeme ist.
Die meisten ACL[76] basieren auf der Sprechakttheorie von SEARL und den Weiter-
entwicklungen von WINOGRAD und FLORES (WINOGRAD 1972 und WINOGRAD/
FLORES 1986). Die Sprechakttheorie wird wegen ihrer Sprecherorientierung (keine
Auseinandersetzung mit dem Hörer), der Satzverhaftetheit (die Grundeinheit ist der
Satz), des Fokus auf mündliche, dialogische Äußerungen und der fehlenden Beschrei-
bung des Wechselspiels zwischen Sprecher und Hörer kritisiert.

3.2.8 Faktorenmodell

HANS HANNAPPEL und HARTMUT MELENK analysierten die Alltagssprache und
versuchten (interne und externe) Faktoren zu identifizieren, die auf den Verlauf einer
Kommunikation Einfluss haben.

In dem von ihnen entworfenen Faktorenmodell[77] (HANNAPPEL/MELENK 1979) wird
der Kommunikationsablauf wie folgt skizziert (siehe Abbildung 3.6):

1. Es existiert eine Intention des Sprechers, etwas auszudrücken.

2. Für die sprachlich/inhaltliche Kodierung werden Partnerhypothesen berücksichtigt und Annahmen über die Situation aufgestellt.

3. Es wird eine Strategie verfolgt.

4. Die Äußerung hat als Ziel Verständnis.

5. Es wird von einer Konsequenz (Reaktion des Partners) ausgegangen.

6. Dabei hat der Hörer ebenfalls Partnerhypothesen, um den Inhalt zu verstehen
   und einordnen zu können.

---

[76] Agent Communication Languages, z.B. FIPA-ACL und KQML.
[77] Wird auch als pragmatisches Kommunikationsmodell bezeichnet.

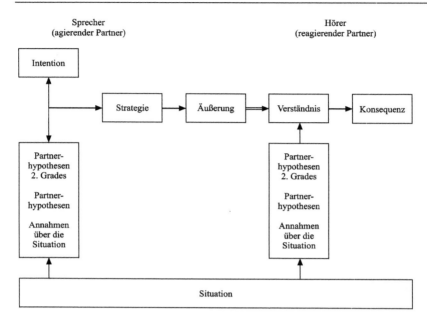

Abbildung 3.6:   Faktorenmodell von Hannappel/Melenk

Kritisiert wird, dass das Faktorenmodell die Wechselseitigkeit (Rollentausch) und den Prozesscharakter einer Kommunikation unberücksichtigt lässt.

3.2.9   Sozialwissenschaftliche Kommunikationstheorie

Der deutsche Kommunikationswissenschaftler GEROLD UNGEHEUER hatte das Ziel, die sprachliche Kommunikation in der Gesamtheit ihrer Erscheinungen zu erfassen und diesbezüglich Grundlagenforschung zu betreiben. Er kritisierte, dass viele Kommunikationstheorien und -modelle die zwischenmenschliche Kommunikation nur unter dem Aspekt von Sprachsystemen betrachten oder auf die Übertragung von Informationen fokussieren (UNGEHEUER 1972). Essenzielle Phänomene und Probleme der sprachlichen Kommunikation, wie beispielsweise Verständigung und die Entwicklung von Bedeutung im kommunikativen Handeln, würden darin außer Acht gelassen. Daher begann er, eine sozialwissenschaftliche Kommunikationstheorie zu entwickeln. Darin unterscheidet UNGEHEUER zwei Erfahrungsbereiche bezüglich der Kommunikation:

1. Kommunikativer Vollzug:

   Jeder ist als Teilnehmer in Kommunikationsprozesse verwickelt und erfährt diese unter den Bedingungen seiner Teilnahme und der Verwendung kommunikativer Mittel. Er befindet sich in Kommunikation: Er erlebt sie, teils unreflektiert und teils reflektiert.

2. Extrakommunikative Beobachtung:

   Jeder kann Kommunikation beobachten, ohne direkt einzugreifen, und seine Beobachtungen später klassifizieren und systematisieren. Dies geschieht beispielsweise in Aufzeichnungen von Kommunikationsprozessen, die analytisch in sprachliche und nichtsprachliche Phänomene eingeteilt werden.

Im Weiteren unterteilt UNGEHEUER die Bedingungen für Kommunikationsprozesse in:

• Bedingungen des menschlichen Erfahrens (M),

• Bedingungen des sozialen Handelns (H),

• Bedingungen der Verwendung sprachlicher Zeichen (Z).

Zentraler Begriff der Kommunikationstheorie nach UNGEHEUER ist die Erfahrung, die er in äußere und innere Erfahrung unterteilt. Demnach ist die äußere Erfahrung die gemeinsame Erfahrung der Menschen über die Welt und die innere Erfahrung nur dem erfahrenden Individuum zugänglich (Gefühle, persönliche Erlebnisse etc.). Diese Innen-Außen-Dichotomie gibt erst den Anlass zur Kommunikation. Mittels Kommunikation erfolgt die Vermittlung zwischen innerer und äußerer Erfahrung. Die Zweiteilung in innere und äußere Erfahrung ist eine Fundamentalstruktur, die nicht beseitigt oder übersprungen, sondern nur vermittelt werden kann.

Die von UNGEHEUER betriebenen phonetischen Studien begründeten die *linguistische Datenverarbeitung (LDV)*[78] in Deutschland. Er prägte die Begriffe *Kommunikationssemantik*[79] und *individuelle Welttheorie*.[80] Da UNGEHEUER 1982 im Alter von 52 Jahren starb, bleibt sein Werk fragmentarisch. Wichtige Teile seines Werks wurden zusammengefasst und in Aufsatzsammlungen herausgegeben (UNGEHEUER/JUCHEM 1987 und UNGEHEUER/SCHMITZ 1990), da es keine Monografie gibt, durch die seine

---

[78] Heute als Computerlinguistik bezeichnet.
[79] Beschreibt die Entwicklung von Bedeutung im Vollzug kommunikativen Handelns.
[80] Beschreibt ein den einzelnen Menschen betreffendes Feld von Erfahrungen und Annahmen.

umfassenden kommunikationstheoretischen Ansätze[81] einem größeren akademischen und nichtakademischen Publikum bekannt geworden wären.

Kritisiert wird UNGEHEUER für seine skeptizistische Auffassung, dass „... es [...] im Prinzip kein gesichertes Wissen über täuschungsfreies Verstehen des Gesagten (gibt)" (UNGEHEUER/JUCHEM 1987, 320).

3.2.10   Theorie des kommunikativen Handelns

Der deutsche Philosoph und Soziologe JÜRGEN HABERMAS veröffentlichte 1981 seine Theorie des kommunikativen Handelns (TkH) (HABERMAS 1981). In expliziter Abgrenzung zu POPPERS „Drei-Welten-Theorie" (POPPER 1972) unterscheidet er vier Formen des Handelns, die in Tabelle 3.2 überblicksmäßig dargestellt sind.

	teleologisches Handeln	normenreguliertes Handeln	dramaturgisches Handeln	kommunikatives Handeln
zentraler Handlungsbegriff	Entscheidung	Normbefolgung	Selbst-repräsentation	Interpretation
Sprechakt	konstativer Sprechakt	regulativer Sprechakt	expressiver Sprechakt	kommunikativer Sprechakt
Rationalitätstypus	kognitiv-instrumentelle Rationalität	moralisch-praktische Rationalität	ästhetisch-praktische Rationalität	kommunikative Rationalität
Geltungsanspruch	Wahrheit	Richtigkeit	Wahrhaftigkeit	Verständlichkeit
Rolle der Sprache	Einwirken auf andere Sprecher	Überlieferung kultureller Werte, Konsensbildung	Selbstinszenierung	Verständigung
Weltbezug	objektive Welt	soziale Welt	subjektive Welt	reflexiver Bezug auf alle drei Welten

Tabelle 3.2:   Charakterisierung der Handlungstypen nach Habermas[82]

Kritisiert wird HABERMAS für seinen Entwurf der „idealen Sprechsituation" bzw. des „herrschaftsfreien Diskurses", welcher von MÜNCH als naiv-utopisch bezeichnet wird (MÜNCH 1991 und MÜNCH 1995). Nach HABERMAS verläuft ein Diskurs (Gespräch,

---

[81]   Er verfasste über einhundert Forschungsberichte, Aufsätze und Zeitschriftenbeiträge.
[82]   Siehe REESE-SCHÄFER 2001.

Diskussion) dann herrschaftsfrei und kann zu einem Wahrheitskonsens gelangen, wenn folgende Regeln einer idealen Sprechsituation eingehalten werden:

1. Kein äußerer Zwang darf das Gespräch behindern.

2. Geltung hat das beste Argument.

3. Jeder hat die gleiche Chance zur Beteiligung am Gespräch.

4. Jeder muss zur „ungekränkten Selbstdarstellung" fähig sein und sich den anderen transparent machen.

5. Jeder muss die Grundentscheidungen seines Lebens thematisieren und kritisieren lassen. Hierzu dient ein ausgeklügeltes System von Rede und Gegenrede, Begründungspflicht für alle Aussagen und Behauptungen usw.

6. Keiner hat Vorrechte aufgrund von Alter, Erfahrung, Autorität usw.

7. Jeder muss bereit sein, mit jedem die Verhaltenserwartungen zu tauschen. Jeder soll jederzeit mit jedem zum Rollentausch bereit sein.

8. Diskutiert wird so lange, bis ein Konsens erreicht ist. Ist die neue Wahrheit angenommen, bestimmt sie von da an das Leben und Verhalten der Teilnehmer.

3.2.11 Soziologische Systemtheorie

NIKLAS LUHMANN, deutscher Soziologe und Philosoph, stellte 1984 eine soziologische Systemtheorie[83] vor (LUHMANN 1984). Der soziologische Systembegriff geht auf TALCOTT PARSONS zurück (PARSONS 1951). Luhmann erweitert die Theorie PARSONS und verwendet nicht mehr den Handlungsbegriff, sondern den sehr viel allgemeineren Begriff der Operation.

Ausgehend von einer konstruktivistischen Perspektive (FOERSTER 1974 und GLASERSFELD ET AL. 1985) und unter Verwendung des Begriffs der *Autopoiesis*[84] (MATURANA/VARELA 1973) entwarf LUHMANN eine Systemtheorie, in der *Gesellschaft* nicht als eine Ansammlung von Menschen, sondern als ein operativ geschlosse-

---

[83] In Abgrenzung zur allgemeinen Systemtheorie von LUDWIG VON BERTALANFFY (BERTALANFFY 1949).

[84] Auch Autopoesis. Altgriech. αὐτός, „selbst" und ποιέω, „schaffen". Begriff für die Selbsterschaffung (und Selbsterhaltung) von Leben bzw. lebenden Systemen.

ner[85] Prozess der Kommunikation verstanden wird. In Abbildung 3.7 sind die struktu-
rellen Kopplungen zwischen den Systemen in LUHMANNs Systemtheorie dargestellt.[86]

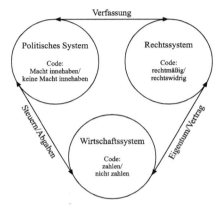

Abbildung 3.7:   Strukturelle Kopplungen in der soziologischen Systemtheorie

Die LUHMANNsche Systemtheorie ist wegen ihres hohen Abstraktionsgrades[87] und des
konstruktivistischen Ansatzes umstritten.

3.2.12   Radikaler Konstruktivismus und Autopoiesis

Die chilenischen Biologen HUMBERTO MATURANA ROMESÍN und FRANCISCO JAVIER
VARELA gelten als Mitbegründer des radikalen Konstruktivismus (RK)[88] und als
Erfinder des Konzepts der Autopoiesis (MATURANA/VARELA 1973).

Radikal-konstruktivistisch betrachtet ist Sprache nicht ein System der Informationsübertragung, sondern eine Form der Verhaltenskoordination. Menschen müssen durch
Versuch-und-Irrtum-Strategien lernen, die Vielzahl von sprachlichen Äußerungen mit
erwünschten Reaktionsweisen zu verbinden. Durch ein Wort wird also nicht
Information übermittelt, sondern es wird im Empfänger etwas Spezifisches ausgelöst,

---

85   Gleichzeitig kognitiv offen.
86   Die Codes bilden den Rahmen, innerhalb dessen das Teilsystem Formen ausbilden kann.
87   Langjährige Kontroverse mit JÜRGEN HABERMAS.
88   Erkenntnistheoretische Richtung in der Philosophie, die besagt, dass Wahrnehmungen niemals ein
     Abbild der Realität liefern, sondern immer eine Konstruktion aus Sinnesreizen und
     Gedächtnisleistung eines Individuums sind. Deshalb ist Objektivität im Sinne einer
     Übereinstimmung von wahrgenommenem (konstruiertem) Bild und Realität unmöglich.
     Ausnahmslos jede Wahrnehmung ist subjektiv.

das von seiner Struktur und damit indirekt von seiner Sozialisation her determiniert ist. Das Individuum übernimmt im Laufe seiner Sozialisation[89] weitgehend die Annahmen, Werte, Denkstrukturen und Weltanschauungen einer bereits institutionalisierten Wirklichkeit. Kommunikation ist nach MATURANA/VARELA definiert als „das gegenseitige Auslösen von koordinierten Verhaltensweisen unter den Mitgliedern einer sozialen Einheit" (MATURANA/VARELA 1984, 210).

Als wesentlichster Kritikpunkt gilt das Selbstanwendungsproblem, da die Begründung für den radikalen Konstruktivismus auf wissenschaftlichen Erkenntnissen basiert, die nach seiner eigenen Definition keine Gültigkeit haben können, denn ein nicht vorhandener Zugang zur Wirklichkeit, wie ihn der radikale Konstruktivismus postuliert, kann als Teil der Wirklichkeit nicht erkannt werden.

3.3 Koordinationstheorien und -modelle

Menschen haben ein intuitives Verständnis über die Bedeutung des Begriffs *Koordination*. Häufig hat es etwas mit der Abstimmung verschiedener Aktivitäten aufeinander, der Verbesserung des Zusammenspiels/Zusammenwirkens oder mit dem Ordnen unter Berücksichtigung mehrerer Aspekte zu tun. Wie die Literatur zeigt, gibt es in verschiedenen Wissenschaftszweigen ein großes Interesse an der Klärung des Begriffs und der zugrundeliegenden Mechanismen. Umso verwunderlicher erscheint es, dass die Lösungsansätze – im Vergleich zum Begriff *Kommunikation* – deutlich weniger zahlreich sind.

Koordinationstheorie nach Malone/Crowston

THOMAS W. MALONE und KEVIN CROWSTON definieren Koordination im betriebswirtschaftlichen Kontext als den Prozess der Verwaltung von Abhängigkeiten zwischen Aktivitäten (MALONE/CROWSTON 1994). Diese Aktivitäten können sowohl technischer Natur sein als auch von Menschen im Kontext einer Organisation durchgeführt werden. Nach MALONE/CROWSTON gibt es vier Haupttypen von Abhängigkeiten:

- gemeinsame Ressourcen,

- Produzent/Konsument-Beziehungen,

- Einschränkungen aufgrund von Gleichzeitigkeit,

---

[89] Findet primär in der Kindheit statt.

- Aufgaben/Unteraufgaben.

Neben diesen vier Hauptabhängigkeiten kann es noch weitere geben. Das Lösen dieser Abhängigkeiten nennen die Autoren Koordinationsprozess.[90]

Organisationstheoretisches Verständnis von Koordination

ALFRED KIESER und HERBERT KUBICEK gehen in ihrem Lehrbuch für Organisationslehre ausführlich auf den Begriff Koordination ein (KIESER/KUBICEK 1992). Demnach umfasst Koordination im betrieblichen Kontext Abstimmungsprozesse zwischen einzelnen interdependenten Tätigkeiten, die eine Folge der Spezialisierung darstellen, um die angestrebten Unternehmensziele zu erreichen. Koordination wird in primäre und sekundäre, systembildende und systemkoppelnde sowie personenorientierte und technokratische Koordination unterteilt.

Koordinationssprache Linda

Linda ist eine von DAVID GELERNTER an der Yale Universität entwickelte Programmiersprache für verteilte Programmierung (GELERNTER 1985). Sie erlaubt Prozessen einer Anwendung miteinander zu kommunizieren, ohne identifizierende Information voneinander zu besitzen. Historisch gesehen ist Linda eine der ersten echten Koordinationssprachen, d.h. Linda konzentriert sich auf den Koordinationsaspekt und abstrahiert von Berechnungsaspekten. Die Koordination wird durch die Verwendung eines gemeinsamen Datenraums (Tuplespace) und die Bereitstellung einer einfachen Sprache[91] realisiert.

Koordination durch praktische Rollen

Der Rollenbegriff ist eine zentrale Kategorie in der Soziologie und beschreibt einen Komplex von Erwartungshaltungen. Im Rahmen des DFG-Schwerpunktprogramms Sozionik (SP 1077) führen MEISTER ET AL. eine Unterscheidung zwischen formaler und praktischer Rolle ein. Dabei ordnen sie der formalen Rolle das derzeit aus der Soziologie bekannte Rollenkonzept[92] zu und definieren die praktische Rolle als typisierte Fremd- und Selbstwahrnehmungen (MEISTER ET AL. 2002 und MEISTER ET

---

[90] Coordination is the „act of working together" (MALONE ET AL. 2003, 79).

[91] Das originale Linda-Modell umfasste vier Operationen: in, read, out und eval.

[92] Soziale Rolle als Funktionsbeschreibung in einer feststehenden Struktur, die arbeitsteiliges Handeln sichert.

AL. 2007). Praktische Rollen sind demnach typische Erwartungsmuster, die sich aus dem praktischen Handeln, d.h. aus der alltäglichen Interaktion ergeben.

Koordinationsmodell nach Bernstein

Der russische Sportphysiologe NIKOLAI ALEXANDROWITSCH BERNSTEIN analysierte die menschliche Motorik, das Wesen und die Erscheinungen der Bewegungstätigkeit und insbesondere der Koordination (BERNSTEIN 1967 und BERNSTEIN 2006). Nach BERNSTEIN ist die Bewegungskoordination als die Überwindung der überflüssigen Freiheitsgrade des sich bewegenden Organs bzw. als die Organisation der Steuerbarkeit des Bewegungsapparats zu verstehen. Die entscheidenden Grundaussagen seines sportwissenschaftlichen Koordinationsmodells, die bis heute[93] von grundlegender Bedeutung sind, lassen sich wie folgt charakterisieren (EDELHÄUSER 1998, 123):

1. Zielfunktion und Regulativ der motorischen Handlung ist das Handlungsziel.

2. Ausgehend vom Handlungsziel und von der Analyse der Situation erfolgt mit der Formulierung des Bewegungsprogramms die „Vorausnahme des erforderlichen Künftigen".

3. Die sensorische Informationsaufnahme und -verarbeitung ist unerlässliche Grundlage für die ständige Regelung des Bewegungsverlaufs und des motorischen Lernens.

4. Motorisches Lernen besteht weniger im Ausbilden unveränderlicher Bewegungsprogramme als vielmehr im Ausbilden von „Korrekturen" (Korrektur- und Regelmechanismen).

Dem Koordinationsmodell nach BERNSTEIN lassen sich sehr interessante Wirkprinzipien entnehmen, die auch für die interpersonelle Koordination von Bedeutung sein könnten.

---

[93] BERNSTEIN starb 1966.

3.4   Ergebnisse

Die Analyse von Theorien und Modellen der Kommunikation und Koordination führt
zu folgenden Ergebnissen:

1. Kommunikation und Koordination sind komplexe Phänomene.

2. Die betrachteten Theorien und Modelle sind aufgrund unterschiedlicher erkennt-
   nistheoretischer Grundlagen unvereinbar.

   a) Die Mehrzahl der in die Untersuchung einbezogenen Autoren kann als
      Vertreter des *Realismus* bezeichnet werden, wobei sowohl der *metaphysische
      Realismus,*[94] als auch *antirealistische Interpretationen*[95] philosophische
      Grundlage der Theorien und Modelle sind. Eine *konstruktivistische Welt-
      anschauung*[96] ist wesentlich seltener erkenntnistheoretische Grundlage der
      untersuchten Kommunikations- und Koordinationstheorien und -modelle.

   b) Die erkenntnistheoretische Basis wird nur von wenigen Kommunikations-
      wissenschaftlern explizit erwähnt. In der Regel ist die Weltanschauung des
      Autors in Bezug auf seine Theorie bzw. sein Modell nur aus dem Kontext zu
      ermitteln.

   c) Die philosophischen Grundannahmen sind teilweise innerhalb der Theorie
      bzw. des Modells inkonsistent und bieten somit Anlass für wissenschaftliche
      Kritik.

   d) Viele Kommunikations- und Koordinationstheorien und -modelle wurden
      über viele Jahre oder Jahrzehnte hinweg (weiter-)entwickelt, so dass auch
      zeitliche Inkonsistenzen auftreten.

---

[94] Charakteristische Thesen nach PUTNAM (PUTNAM 1975):
   1. Es gibt genau eine wahre und vollständige Beschreibung der Welt.
   2. Wahrheit ist eine Korrespondenzrelation zwischen Sätzen bzw. Gedanken und den Dingen,
      Eigenschaften und Relationen in der Welt.
   3. Jeder sinnvolle Satz ist wahr oder falsch, ein Drittes gibt es nicht.
[95] Charakteristische Thesen nach PUTNAM (ebd.):
   1. Die Frage „Aus welchen Gegenständen besteht die Welt?" ist nur im Rahmen einer Theorie
      bzw. Beschreibung beantwortbar.
   2. Es gibt mehr als eine wahre Beschreibung der Welt.
   3. Wahrheit ist so etwas wie „Akzeptierbarkeit unter idealen epistemischen Bedingungen".
[96] Radikaler Konstruktivismus bei LUHMANN und MATURANA/VARELA.

3. Es werden Einzelaspekte der Kommunikation oder Koordination betrachtet.

   a) Viele Theorien bzw. Modelle betrachten ausgewählte Einzelaspekte der Kommunikation oder Koordination und sind somit für eine Verallgemeinerung mangels Berührungspunkten bzw. Überdeckung mit anderen Theorien bzw. Modellen ungeeignet.

   b) Dies gilt erst recht, wenn die Theorien und Modelle in verschiedenen Wissenschaftszweigen entwickelt wurden und somit naturgemäß einen differenten Fokus aufweisen.

Einige Beispiele sollen die oben gemachten Aussagen stützen:

- Während WATZLAWICK in seinem ersten Axiom sagt, „Man kann nicht nicht kommunizieren" (WATZLAWICK ET AL. 1969, 53), behauptet LUHMANN, bezogen auf WATZLAWICKs erstes Axiom, „Kommunikation ist unmöglich" (LUHMANN 1997, 87).

- UNGEHEUER versucht mit seiner *sozialwissenschaftlichen* Kommunikationstheorie zu erklären, warum und wie Kommunikation zwischen Individuen stattfindet (UNGEHEUER/JUCHEM 1987), während SHANNONs *technikzentrierte* Theorie darauf ausgerichtet ist, die maximal mögliche Informationsmenge zu ermitteln, die über einen gestörten Kanal übertragen werden kann (SHANNON/ WEAVER 1949).

Um einen Überblick über das Phänomen der Kommunikation anhand der bisher analysierten Kommunikationstheorien und -modelle zu erhalten, sind in Abbildung 3.8 einige häufig vorkommende Termini zur Beschreibung von Kommunikation und die damit korrespondierenden Theorien und Modelle dargestellt. Es ist zu beachten, dass die Begriffsbelegung in den einzelnen Theorien und Modellen teilweise homonym ist.

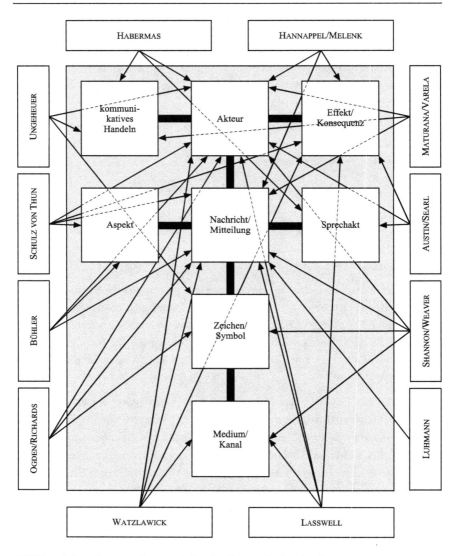

Abbildung 3.8:   Zusammenhänge zwischen den Kommunikationstheorien

Basierend auf der durchgeführten systematischen Analyse von Theorien und Modellen der Kommunikation und Koordination sind in Tabelle 3.3 alle identifizierten Kommunikationsartefakte aufgeführt. Falls möglich wurden zusätzliche Beschreibungsmerkmale benannt.

Theorie oder Modell	Artefakt	zusätzliches Beschreibungsmerkmal
LASSWELL-Formel	Sender	
	Nachricht	
	Medium	
	Empfänger	
	Effekt	
Mathematische Theorie der Kommunikation (SHANNON/WEAVER)	Informationsquelle	
	Nachricht	
	Sender	
	Signal	
	Kanal	
	Störquelle	
	empfangenes Signal	
	Empfänger	
	Ziel	
Semiotisches Dreieck (OGDEN/RICHARDS)	Symbol	
	Gedanke oder Bezug	
	Referent (Bezugsobjekt)	
Axiome der Kommunikation (WATZLAWICK)	Kommunikation	Inhaltsaspekt
		Beziehungsaspekt
		Interpunktion
		digital (verbal)
		analog (nonverbal)
		symmetrisch (gleichgestellt)
		komplementär (Autoritätsverhältnis)
Organonmodell (BÜHLER)	Sender	
	Empfänger	
	Gegenstand bzw. Sachverhalt	
	Zeichen	Darstellung (Symbol)
		Ausdruck (Symptom)
		Appell (Signal)

Theorie oder Modell	Artefakt	zusätzliches Beschreibungsmerkmal
Kommunikations-quadrat (SCHULZ VON THUN)	Sender	
	gesendete Nachricht	Sachinhalt
		Selbstoffenbarung
		Beziehung
		Appell
	empfangene Nachricht	Sachinhalt
		Selbstoffenbarung
		Beziehung
		Appell
	Empfänger	
Sprechakttheorie (AUSTIN/SEARL)	Sprechakt	lokutionär
		phonetisch
		phatisch
		rhetisch
		illokutionär
		assertiv
		kommissiv
		expressiv
		direktiv
		deklarativ
		perlokutionär
Faktorenmodell (HANNAPPEL/MELENK)	Sprecher	Annahme über die Situation
		Partnerhypothesen (1./2. Grades)
	Hörer	Annahme über die Situation
		Partnerhypothesen (1./2. Grades)
	Situation	
	Intention	
	Strategie	
	Äußerung	
	Verständnis	
	Konsequenz	

Theorie oder Modell	Artefakt	zusätzliches Beschreibungsmerkmal
sozialwissenschaftliche Kommunikationstheorie (UNGEHEUER)	kommunikativer Vollzug	
	extrakommunikative Beobachtung	
	menschliches Erfahren	
	soziales Handeln	
	Verwendung sprachlicher Zeichen	
Theorie des kommunikativen Handelns (HABERMAS)	Handlungstypen	teleologisches Handeln
		normenreguliertes Handeln
		dramaturgisches Handeln
		kommunikatives Handeln
	zentraler Handlungsbegriff	Entscheidung
		Normbefolgung
		Selbstrepräsentation
		Interpretation
	Sprechakt	konstativer Sprechakt
		regulativer Sprechakt
		expressiver Sprechakt
		kommunikativer Sprechakt
	Rationalitätstypus	kognitiv-instrumentelle Rationalität
		moralisch-praktische Rationalität
		ästhetisch-praktische Rationalität
		kommunikative Rationalität
	Geltungsanspruch	Wahrheit
		Richtigkeit
		Wahrhaftigkeit
		Verständlichkeit
	Rolle der Sprache	Einwirken auf andere Sprecher
		Überlieferung kultureller Werte
		Selbstinszenierung
		Verständigung
	Weltbezug	objektive Welt
		soziale Welt
		subjektive Welt

Theorie oder Modell	Artefakt	zusätzliches Beschreibungsmerkmal
soziologische Systemtheorie (LUHMANN)	Kommunikation als selbstreferenzielles System	Information
		Mitteilung
		Verstehen
radikaler Konstruktivismus und Autopoiesis (MATURANA/VARELA)	soziales System	
	Mitglied	
	soziale Kopplung	
Koordinationstheorie nach MALONE/CROWSTON	Ziel	
	Aktivität	
	Akteur	
	Interdependenz	
	Subsystem	
	Interdependenz	
Organisations-theoretisches Verständnis von Koordination (KIESER/KUBICEK)	Koordinationsmechanismus oder -instrument	strukturelle Koordinationsinstrumente
		Koordination durch persönliche Weisung
		Koordination durch Selbstabstimmung
		fallweise Interaktion nach eigenem Ermessen
		themenspezifische Interaktion
		institutionalisierte Interaktion
		Koordination durch Programme
		Koordination durch Pläne
		nichtstrukturelle Koordinationsinstrumente
	Koordinationsstelle bzw. -instanz	
	Verantwortungsbereich	
	Abstimmungsaktivität	

Theorie oder Modell	Artefakt	zusätzliches Beschreibungsmerkmal
	Tupelspace	
	Tupel	
Koordinationssprache Linda (GELERNTER)	Operationen	in
		out
		read
		eval
	formale Position	
	formale Rolle	
Koordination durch praktische Rollen (MEISTER)	praktische Rolle	Selbstbild
		Fremdbild
	Sozialtyp	
	Verhandlungssituation	
	Verhandlungssystem	
	Effektor	
	Rezeptor	
Koordinationsmodell nach BERNSTEIN	Vergleichsvorrichtung	
	Vorrichtung	
	Regler	
	Führungsebene	

Tabelle 3.3:   Potenzielle Kommunikationsartefakte

„Wo die Großen fusionieren, müssen die Kleinen kooperieren."

(Flocken et al. 2001)

4 Basismodellierungsmethode

4.1 Vorgehensweise

Die Entwicklung einer eigenständigen Methode zur Prozessmodellierung stellt eine große Herausforderung dar. Um den Entwicklungsaufwand zu reduzieren, wird der Ansatz der Erweiterung einer bestehenden Modellierungsmethode gewählt. Dazu werden in der Literatur diskutierte und marktgängige Methoden analysiert. Voraussetzung für diese Analyse ist die Festlegung von Kriterien, nach denen die Modellierungsmethoden bewertet werden können.[97] Dabei wird zwischen allgemeinen[98] und spezifischen[99] Kriterien unterschieden. Auf Basis dieser Kriterien wird ein Scoringmodell entwickelt, welches eine Bewertung ausgewählter Modellierungsmethoden ermöglicht und Grundlage für weitergehende Analysen ist.

4.2 Kriterienkatalog

4.2.1 Allgemeine Kriterien

Allgemeine Kriterien sind die Kriterien, die unabhängig vom Anwendungsgebiet sicherstellen, dass die auszuwählende Modellierungsmethode den Anforderungen der wissenschaftlichen und technischen Entwicklung entspricht. Dazu zählen:

Einfachheit

Die Modellierungsmethode sollte aufgrund der vorhandenen Komplexität im Anwendungsbereich sachgerecht aufgebaut und möglichst einfach handhabbar sein.

---

[97] Anforderungsanalyse/Requirements Engineering.
[98] Vom Anwendungsgebiet unabhängig.
[99] Vom Anwendungsgebiet abhängig.

Verständlichkeit und Anschaulichkeit

Die Modellierungsmethode sollte die zu modellierenden Sachverhalte zielgruppengerecht abbilden und nachvollziehbar strukturieren können.

Erlernbarkeit und Handhabbarkeit

Die Modellierungsmethode sollte intuitiv erlernbar, für alle Diagrammtypen einheitlich bedienbar und als Komplettsystem einfach administrierbar sein.

Wissenschaftlichkeit

Die Modellierungsmethode sollte durch Praxiseinsätze und veröffentlichte Praxisberichte sowie durch Anerkennung von ausgewiesenen Experten bzw. Organisationen legitimiert sein.

Verbreitung und Akzeptanz

Die Modellierungsmethode sollte bei potenziellen Anwendergruppen weit verbreitet sein und eine hohe Akzeptanz genießen.

Flexibilität und Kontextneutralität

Die Modellierungsmethode sollte, wenn sie auf Kommunikationsprozesse fokussiert, kontextspezifisch sein, ansonsten vorzugsweise kontextneutral. Der zu berücksichtigende Kontext ist hierbei die modellhafte Abbildung von Prozessen in Organisationen wie Unternehmen und Kooperationen bzw. Netzwerken.

Durchgängigkeit

Die Modellierungsmethode sollte eine ganzheitliche und durchgängige Handlungsanleitung zum Modellieren von (Kommunikations-)Prozessen enthalten. Die Modellierungssprache sollte inhaltlich und begrifflich in die Modellierungsmethode eingebettet sein. Das Modellierungswerkzeug sollte den Umfang der Modellierungssprache konsistent wiedergeben können.

Syntaktische Regeln

Die Modellierungsmethode bzw. -sprache sollte einen adäquaten Vorrat an Modellierungsregeln enthalten. Diese Regeln unterstützen eine methodenkonforme

Modellierung durch die Anwender und ermöglichen eine sowohl manuelle als auch werkzeuggestützte Plausibilitätskontrolle[100] der Modelle.

Dynamischer Aspekt

Die Modellierungsmethode bzw. -sprache sollte von ihrer Architektur her geeignet sein, den zeitveränderlichen und ereignisorientierten Charakter von Prozessen abzubilden.

4.2.2 Spezifische Kriterien

Die spezifischen Kriterien umfassen alle Kriterien, die einen direkten Bezug zum Anwendungsgebiet besitzen. Dazu zählen:

Semantische Erweiterbarkeit

Die Modellierungsmethode sollte in Bezug auf Diagramme, Objekte und Relationen[101] erweiterbar sein. Dies beinhaltet die Definition neuer Diagramm-, Objekt- bzw. Relationstypen, die Instanziierung dieser Typen sowie die Veränderung bestehender Typen und Instanzen.

Syntaktische Erweiterbarkeit

Die Modellierungsmethode sollte in Bezug auf Modellierungsregeln erweiterbar sein. Dies beinhaltet die Definition neuer syntaktischer Regeln sowie die Veränderung bestehender Regeln.

Attributierbarkeit

Die Modellierungsmethode sollte die Möglichkeit besitzen, die verwendeten Objekte und Relationen mit Merkmalsbeschreibungen zu versehen. Dies beinhaltet die Erweiterung bestehender Objekte und Relationen mit typgebundenen oder typfreien Merkmalen und die Veränderung bestehender Merkmale.

---

[100] Auch als Syntax-Check bezeichnet.
[101] Und ggf. weitere Elemente.

Granularität

Die Modellierungsmethode sollte die Möglichkeit besitzen, Objekte mit Modellen zu hinterlegen, was eine Modellierung in unterschiedlichen Detaillierungsebenen ermöglicht.

Kommunikationsartefakte

Die Modellierungsmethode sollte prinzipiell in der Lage sein, die in Tabelle 3.3 aufgeführten Artefakte[102] abzubilden. Modellierungsmethoden, die Teilmengen dieser Artefakte bereits enthalten, werden präferiert.

Schwachstrukturiertheit

Die Modellierungsmethode sollte in der Lage sein, schwach strukturierte und schwer formalisierbare Prozesse abzubilden. Modellierungsmethoden, die diese Fähigkeit besitzen, werden präferiert.

Kombination von Stark- und Schwachstrukturiertheit

Die Modellierungsmethode sollte – wenn sie schwach strukturierte und schwer formalisierbare Prozesse abbilden kann – in der Lage sein, stark und schwach strukturierte Objekte bzw. Relationen zu kombinieren und in einem gemeinsamen Diagrammtyp darzustellen.

Erweiterte Validierbarkeit

Die Modellierungsmethode bzw. -sprache sollte die Möglichkeit besitzen, zweck- bzw. kontextabhängig Regeln zu definieren, um dem Anwender eine (softwareunterstützte) Modellvalidierung und ggf. eine Schwachstellenanalyse kooperativer Arbeit zu ermöglichen.[103]

---

[102] Siehe Seite 51–55.

[103] Um einen realen, praktischen Nutzen soziotechnischer Modelle für das Management von KMU-Netzwerken zu generieren, ist ein Validierungsverfahren erforderlich, welches die Modelle nicht nur auf syntaktische Richtigkeit überprüft sondern diese auch auf mögliche Schwachstellen kooperativer Arbeit untersucht. Die zu entwickelnde Modellierungsmethode sollte es dem Anwender ermöglichen, zusätzliche kontextabhängige Regeln für die Schwachstellenanalyse zu definieren, welche für eine (softwareunterstützte) Validierung genutzt werden können.

Datenaustauschformat

Das Modellierungswerkzeug sollte in der Lage sein, seine Modelle in ein universelles Datenaustauschformat zu transformieren, um eine kooperative Modellierung innerhalb softwaretechnisch heterogen ausgestatteter Netzwerke zu ermöglichen. Das universelle Datenaustauschformat ist noch festzulegen.

4.3   Modellierungsmethoden

4.3.1   Analyse

In Tabelle 4.1 sind alle analysierten Modellierungsmethoden mit ihren primären Anwendungsgebieten, grafischen Darstellungsformen, unterstützenden Werkzeugen und der verfügbaren Basisliteratur dargestellt.

Name	Anwendungsgebiet	Darstellungsform	Werkzeug	Literatur
ARIS (Architektur integrierter Informations- systeme)	Prozessmodellierung zur Einführung betrieblicher Informationssysteme	Meta-Modell mit vier bzw. fünf Sichten; eEPK, VKD u.a. Diagrammtypen	ARIS-Toolset	SCHEER 1992
Bonapart	Geschäftsprozess- modellierung	GAM-Derivat; Unter- nehmensobjekte, die in Prozessmodellen und Organigrammen abgebildet werden	Bonapart, SemTalk Bonapart Edition	BONAPART 1992
BPMN (Business Process Modeling Notation)	Industriestandard, der die Brücke zwischen Geschäftsprozess- design und Prozess- implementierung schließen soll	Geschäftsprozess- diagramm mit Aktivitä- ten, Ereignissen, Schnitt- stellen, Beziehungen, Artefakten und Verantwortlichkeits- bereichen	ADONIS, AENEIS, SemTalk	WHITE 2003
CIM-OSA (Open Systems Architecture for Computer Integrated Manu- facturing)	prozessorientierte Modellierung von Produktionsunter- nehmen zur Einführung von CIM	Meta-Modell mit vier Sichten; drei Prozess- konstrukte (Domain Process, Business Process, Enterprise Activity)	MERGE-Tool	AMICE 1989

Name	Anwendungsgebiet	Darstellungsform	Werkzeug	Literatur
ECAA (Event-Condition-Action-Alternative Action)	Vorgehensweise zur geschäftsregel-orientierten Prozess-modellierung	UML-Erweiterung; Geschäftsregel im UML-Aktivitätsdiagramm	UML-Tools	BRÜCHER/ ENDL 2002
EEML (Extended Enterprise Modelling Language)	Prozess- und Unter-nehmensmodellierung auf verschiedenen Ebenen (Process Logic, Activity Engineering, Work Management, Work Performance u.a.)	fünf Modellierungs-domänen: Prozess-elemente, Ressourcen, Ziele, Domänenmodel-lierung, Simulation	METIS	KROGSTIE 2002
EPBE (Eriksson Penker Business Extensions)	Geschäftsprozess-modellierung	UML-Erweiterung; Sichten: Zielsicht, Prozesssicht, Struktur-sicht und Verhaltens-bzw. Zustandssicht; Basiselemente: Geschäftsprozess, Ressource, Ziel, Geschäftsregel, Beziehung und Referenznotiz	UML-Tools	ERIKSSON/ PENKER 2000
ERM (Entity Relationship Model)	Datenmodellierung, Datenbankdesign	Entity-Relationship-Diagram (ERD); verschiedene Notationen der Kardinalitäten (Chen, Bachmann, numerisch, MC, IDEF1x)	ADW, case/4/0, DB Designer, ERwin, Innovator, Oracle Designer, Visio u.a.; als SERM auch vom ARIS-Toolset und SAP-Modeler unterstützt	CHEN 1976
GERAM (Generalized Enterprise Reference Architecture and Metho-dology)	generische Archi-tektur zur Enterprise Application Integration (EAI)	Enterprise Modelling Languages (EMLs), wie z.B. in ARIS, CIMOSA, GRAI, IUM oder IDEFx	MERGE-Tool u.a. EETs (Enterprise Engineering Tools)	WILLIAMS/ LI 1995

Name	Anwendungsgebiet	Darstellungsform	Werkzeug	Literatur
GPO-WM (Geschäfts-prozess-orientiertes Wissens-management)	geschäftsprozess-orientiertes Wissens-management, Darstel-lung von explizitem und implizitem Wissen nach Wissensdomänen	IUM-Derivat; Aktivitäts-diagramm, Klassen-diagramm; Ressource, Auftrag und Produkt	MO^{2}GO	HEISIG 2002
GRAI (Graphe à Résultats et Activités Interreliés)	Modellierungs-methode zur Spezifizierung von zu kaufenden oder zu entwickelnden CIM-Systemen	GAM-Derivat; GRAI Grids, GRAI Nets, Aktivitätsdiagramme u.a.	e-Magim	DOUMEINGTS 1984
IDEF Family (Integrated Definition for Function Modelling)	Informations-verarbeitungs-umgebung für heterogene Compu-terlandschaft; Einsatz in Software-entwicklung, Abbildung von Organisations-funktionen, Prozess-beschreibung etc.	IDEF0: Function Modeling (SADT-Derivat), IDEF1: Infor-mation Modeling (ERM-Derivat), IDEF1x: Data Modeling, IDEF2: Simulation Model Design, IDEF3: Process Description Capture, IDEF4: Object-Oriented Design, IDEF5: Ontol-ogy Description Capture, IDEF6: Design Rationale Capture, IDEF7: Information System Auditing, IDEF8: User Interface Modeling, IDEF9: Scenario-Driven IS Design, IDEF10: Implementation Architecture Modeling, IDEF11: Information Artifact Modeling, IDEF12: Organization Modeling, IDEF13: Three Schema Mapping Design, IDEF14: Network Design	IDEF0: AI0, MetaSoft Works, Workflow Modeler; IDEF1(X): ERwin, SmartER, Workflow Modeler; IDEF3: ProCap, ProSim (unter-schiedlich, je nach Methode)	MAYER ET AL. 1992

Name	Anwendungsgebiet	Darstellungsform	Werkzeug	Literatur
INCOME (Interactive Net-Based Conceptual Modelling Environment)	integrierte Modellierung von verteilten betrieblichen Abläufen und komplexen Datenstrukturen	Petri-Netz-Derivat; Ablauf-, Objekt- und Organisationsmodelle, Wissenskarten u.a.	PROMATIS Income Suite	NÉMETH ET AL. 1992
IPKM (Integrierte Prozess- und Kommunikationsmodellierung)	prozessorientiertes Wissensmanagement, Modellierung von wissensintensiven Geschäftsprozessen	ARIS-Erweiterung; Objekttypen: Wissenskategorie und dokumentiertes Wissen; Modelle: Wissensstrukturdiagramm und Wissenslandkarte	ARIS Toolset	REMUS 2002B
IUM (Integrierte Unternehmensmodellierung) bzw. IEM (Integrated Enterprise Modeling)	modelltechnische Abbildung von Produktionsunternehmen und deren internen Abläufen	GAM-Derivat; Baum- und Ablaufdiagramme mit generischen Objektklassen (Produkt, Auftrag und Ressource) und Modellierungselementen (Aktion, Funktion bzw. Aktivität)	MO²GO	SPUR ET AL. 1993
K3 (Kommunikation Koordination Kooperation)	partizipative Erhebung und Darstellung kooperativer, schwach strukturierter Arbeitsprozesse	UML-Derivat; Elemente: Aktivität, Blob, Information, Werkzeug, Schwachstelle; Konnektoren: Kontrollfluss, Entscheidung/ Verzweigung, Informationsfluss/ Objektfluss, Synchronisation, synchrone Zusammenarbeit	WOMS	KILLICH ET AL. 1999
KMDL (Knowledge Modeling Description Language)	Modellierung wissensintensiver Geschäftsprozesse	Objekttypen (Aufgabe, Aufgabenaggregation, Rolle, Rollenaggregation, Person, Gruppe, Aufgabenanforderung, Wissensobjekt, Informationsobjekt, Prozessschnittstelle) und diverse Beziehungstypen	K-Modeler	GRONAU 2003

Name	Anwendungsgebiet	Darstellungsform	Werkzeug	Literatur
KMFM (Knowledge Management Framework Methodology)	Modellierung von wissensintensiven Geschäftsprozessen, Entwicklung von Informationssystemen mit vorheriger Analyse und Gestaltung des Organisationssystems	RUP-Derivat; Objektmodell mit Boundary-, Entity- und Control-Klassen	Rational Rose u.a. CASE-Tools	FIRESTONE 2001
KODA (Kommunikationsdiagnose)	Analyse der Geschäftsprozesse mit Fokus auf Informationen und Kommunikation, Aufdecken von Schwachstellen im Kommunikationsnetzwerk mit dem Ziel der Geschäftsprozessoptimierung	Organisationsmodell (Organigramm), Geschäftsprozessmodell (Prozessdiagramm), Ressourcenmodell (Ressourcendiagramm), Flowchart, Verantwortungs-/Strukturmodell, Kommunigramm	KODA Toolset	KÜHNLE ET AL. 1998
KSA (Kommunikationsstrukturanalyse)	rechnergestützte Analyse und Schwachstellenermittlung von Organisationen (prozessorientierte Reorganisation)	Aufgabe, Stelle, Information und Informationsfluss	SemTalk KSA Edition	KRALLMANN 1986
MEMO (Multi Perspective Enterprise Modelling)	multiperspektivische Unternehmensmodellierung	drei Perspektiven: Strategie, Organisation und Informationssystem; drei Notationen: MEMO-SML (Strategy Modelling Language), MEMO-OrgML (Organisation Modelling Language), MEMO-OML (Object Modelling Language)	MEMO Center	FRANK 1994

Name	Anwendungsgebiet	Darstellungsform	Werkzeug	Literatur
ooGPM (Objektorientierte Geschäftsprozessmodellierung)	Methode zur objektorientierten Geschäftsprozessmodellierung	UML-Derivat; UML-Diagramme mit Spracherweiterungen	UML-Tools (nicht standardkonforme Spracherweiterungen sind damit nicht darstellbar)	OESTEREICH ET AL. 2003
PERA (Purdue Enterprise Reference Architecture)	strukturierter Ansatz zur Entwicklung eines Enterprise Master Plans (Lebenszyklusmodell für Fabrikanlagen, Mitarbeiter und Informationssysteme von der Konzeption eines Unternehmens bis zu dessen Auflösung)	Material- und Energieflussdiagramm, Datenflussdiagramm, Architekturdiagramm u.a.	diverse Tools	WILLIAMS 1992
Petri-Netz	mathematisches Modell von nebenläufigen Systemen; vielfältige Anwendungen (z.B. Prozessmodellierung, Steuerungstechnik; Softwareentwurf; Workflowmanagement)	bipartiter, gerichteter Graph, der aus Stellen bzw. Plätzen und Übergängen bzw. Transitionen besteht	Artifex, ExSpect, GreatSPN, Maria, PACE, Renew, Visual Object Net++ u.a.	PETRI 1962
PROMET (Prozessmethode)	Unterstützung des Transformationsprozesses eines Unternehmens durchgängig von der Strategieentwicklung über die Prozessgestaltung bis zur Implementierung einer neuen Lösung in unterschiedlichen Systemen	Prozesslandkarte, Prozesskontextdiagramm, Prozesszerlegung, Aufgabenkette, Organigramm, Leistungsverzeichnis	PROMET@ work (SemTalk PROMET Edition)	ÖSTERLE 1995

Name	Anwendungsgebiet	Darstellungsform	Werkzeug	Literatur
PROMOTE (Process-Oriented Methods and Tools for Knowledge Management)	geschäftsprozess-orientiertes Wissens-management	Flussdiagramme mit den Elementen Prozessstart, Aktivität, Entscheidung, Subprozess, Parallelität, Vereinigung und Prozessende	ADONIS	KARAGIANNIS/ TELESKO 2000
RUP (Rational Unified Process)	iteratives Vorgehens-modell zur Software-entwicklung	Worker, Artefakte, Workflows, Aktivitäten u.a.	RUP (als Teil der Rational Rose Enterprise Edition)	KRUCHTEN 1999
SADT (Structured Analysis and Design Techniques)	Unternehmens- und Lebenszyklus-modellierung	SADT-Diagramm mit Aktivitäten, Daten- und Kontrollflüssen	IDEF0-Tools wie AI0, BPwin, Design/ IDEF, IDEFine u.a.	ROSS/ SCHOMAN 1977
SeeMe (Semistruk-turierte sozio-technische Modellierungs-methode)	Darstellung soziotechnischer und semistrukturierter Aspekte von Kommunikations- und Kooperations-prozessen	UML-Derivat; Basis-elemente: Rolle, Aktivität und Entität; weitere Elemente zur Beschreibung von Relationen, Regel-konnektoren zur Modellierung von Verzweigungen und Elemente zur Beschrei-bung von „Vagheit" (Unvollständigkeit und Unsicherheit)	SeeMe-Editor	HERRMANN/ LOSER 1999
SOM (Semantisches Objektmodell)	universell verwend-bares Modellierungs-konzept für betrieb-liche Informations-systeme	Unternehmensplan, Geschäftsprozessmodell und Ressource	SOMpro (wird nicht mehr gepflegt)	FERSTL/ SINZ 1991

Name	Anwendungsgebiet	Darstellungsform	Werkzeug	Literatur
UML (Unified Modeling Language)	formale Sprache zur objektorientierten Spezifikation, Visualisierung, Konstruktion und Dokumentation von Softwaresystemen	13 Hauptdiagrammtypen mit über 1000 grafischen und textuellen Sprachelementen; sechs Strukturdiagramme (Klassen-, Kompositionsstruktur-, Komponenten-, Verteilungs-, Objekt- und Paketdiagramm) und sieben Verhaltensdiagramme (Aktivitäts-, Sequenz-, Kommunikations-, Interaktionsübersichts-, Zeitverlaufs-, Anwendungsfall- und Zustandsdiagramm)[104]	UML-Tools	BOOCH ET AL. 1997
V-Modell	Vorgehensmodell zur Entwicklung von IT-Systemen	Ursache-Wirkungs-Diagramm, Aktivitätsdiagramm, Ablaufdiagramm, Klassendiagramm, Strukturdiagramm, Datenflussdiagramm u.a.	V-Modell XT-Editor, V-Modell XT-Assistent, in-Step V-Modell XT Edition	KBST 1994, RAUSCH ET AL. 2006

Tabelle 4.1:   Analysierte Modellierungsmethoden

4.3.2   Methode versus Sprache

Die durchgeführte Analyse fokussiert primär auf Modellierungsmethoden. Dabei ergab sich, dass einerseits viele Methoden mit Modellierungssprachen untersetzt sind, andererseits Modellierungssprachen – wenn auch teilweise nur implizite – Methodenanteile enthalten. Für die Integration von Kommunikationsartefakten ist ein dezidierter Sprachanteil unerlässlich, so dass vorrangig Modellierungssprachen bzw. Modellierungsmethoden mit Sprachanteil in die engere Auswahl genommen wurden. Da die Grenzen zwischen Methoden- und Sprachanteil fließend sind, wird eine getrennte Bewertung von Methoden und Sprachen nicht für sinnvoll erachtet. Vielmehr werden

---

[104] UML 2.1 Spezifikation.

Methoden mit rudimentärem Sprachanteil aufgrund ihrer geringen Bewertung bezüglich der spezifischen Kriterien[105] im Scoringmodell eliminiert.

4.3.3 Bewertung

Zur Bewertung der ausgewählten Modellierungsmethoden findet der im Abschnitt 4.2 entwickelte Kriterienkatalog Anwendung. Die Kriterien werden auf Basis einer Ordinalskala bewertet (0 – Kriterium wird nicht erfüllt, 9 – Kriterium wird vollständig erfüllt). In Tabelle 4.2 sind die verwendeten Kriterien inklusive Schlüsselnummern und Wichtungsfaktoren enthalten. Die Tabellen 4.3 und 4.4 stellen die Bewertung bezüglich der allgemeinen Kriterien dar, die Tabelle 4.5 die Bewertung bezüglich der spezifischen Kriterien und das Gesamtranking.

Das Scoringmodell basiert auf einer internen Expertenbefragung, wobei die Kriterien mit Wichtungsfaktoren niederer Ordnung durch Befragung, die Kriterien mit Wichtungsfaktoren höherer Ordnung durch Berechnung ermittelt wurden. Das Kriterium mit der Schlüsselnummer 290 (Datenaustauschformat) findet keine Berücksichtigung, da es sich ausschließlich auf Modellierungswerkzeuge bezieht. Zur Ermittlung des Gesamtrankings wurden die Einzelkriterien nach folgender Formel kaskadierend gewichtet:

$$R = Rang(\sum_{i=1}^{2}(w_{i00} \times \sum_{j=1}^{9}(w_{ij0} \times \sum_{k=1}^{2}(w_{ijk} \times b_{ijk}))))$$

$R:$ Rangfolge
$w:$ Wichtungsfaktor
$b:$ Bewertung der Methode pro Kriterium
$i, j, k:$ Indizes für die Kriterien 1., 2. und 3. Ordnung bzw. für deren Wichtungs-
        faktoren

---

[105] Siehe Abschnitt 4.2.2.

Schlüssel- nummer	Kriterium	Wichtungsfaktor (in %)		
		1. Ordnung	2. Ordnung	3. Ordnung
100	ALLGEMEINE KRITERIEN	30		
110	Einfachheit		5	
120	Verständlichkeit und Anschaulichkeit		10	
121	Verständlichkeit			50
122	Anschaulichkeit			50
130	Erlernbarkeit und Handhabbarkeit		10	
131	Erlernbarkeit			40
132	Handhabbarkeit			60
140	Wissenschaftlichkeit und Praxisrelevanz		5	
141	Wissenschaftlichkeit			50
142	Praxisrelevanz			50
150	Verbreitung und Akzeptanz		5	
151	Verbreitung			20
152	Akzeptanz			80
160	Flexibilität und Kontextneutralität		5	
161	Flexibilität			25
162	Kontextneutralität			75
170	Durchgängigkeit		30	
180	syntaktische Regeln		10	
190	dynamischer Aspekt		20	
200	SPEZIFISCHE KRITERIEN	70		
210	semantische Erweiterbarkeit		20	
220	syntaktische Erweiterbarkeit		20	
230	Attributierbarkeit		15	
240	Granularität		15	
250	Kommunikations- und Koordinationsartefakte		5	
251	Kommunikationsartefakte			60
252	Koordinationsartefakte			40
260	Schwachstrukturiertheit		5	
270	Kombination Stark-/Schwachstrukturiertheit		15	
280	erweiterte Validierbarkeit		5	
290	Datenaustauschformat		0	

Tabelle 4.2:   Kriterienschlüssel und Wichtungsfaktoren

Kriterium	100	110	120	121	122	130	131	132	140	141	142
ARIS	7,8	3	7,0	6	8	4,8	3	6	8,0	7	9
Bonapart	7,7	6	7,5	7	8	5,6	5	6	5,5	4	7
BPMN	6,3	9	5,5	8	3	7,4	8	7	3,5	0	7
CIM-OSA	4,1	3	3,5	2	5	1,6	1	2	4,0	6	2
ECAA	6,2	9	5,5	9	2	8,4	9	8	3,5	4	3
EEML	5,8	7	5,5	5	6	6,4	7	6	3,0	0	6
EPBE	5,9	4	6,5	6	7	5,6	5	6	4,0	5	3
ERM	6,5	8	7,5	9	6	9,0	9	9	8,5	8	9
GERAM	2,4	2	3,0	0	6	0,0	0	0	5,0	7	3
GPO-WM	6,2	7	5,5	7	4	8,0	8	8	2,5	4	1
GRAI	6,3	4	5,0	3	7	4,4	2	6	4,5	5	4
IDEF	6,8	5	6,0	6	6	6,6	6	7	5,0	3	7
INCOME	7,2	6	5,0	7	3	6,6	6	7	2,0	1	3
IPKM	6,7	4	7,0	7	7	7,0	7	7	2,5	3	2
IUM	7,0	8	5,5	7	4	7,6	7	8	5,5	5	6
K3	5,3	7	6,5	6	7	8,6	8	9	2,0	3	1
KMDL	6,7	9	5,0	8	2	8,6	8	9	2,5	4	1
KMFM	4,3	5	4,5	2	7	2,8	1	4	1,5	1	2
KODA	6,9	7	7,5	8	7	7,0	7	7	2,5	4	1
KSA	6,9	7	7,0	7	7	6,6	6	7	4,5	7	2
ooGPM	5,7	4	6,5	6	7	5,6	5	6	3,0	5	1
PERA	4,1	3	3,5	2	5	1,6	1	2	4,5	6	3
Petri-Netz	8,0	8	5,0	8	2	7,8	9	7	8,0	9	7
PROMET	6,5	6	6,5	6	7	5,4	3	7	3,5	4	3
PROMOTE	6,4	7	5,5	7	4	6,4	7	6	3,0	3	3
RUP	4,5	3	5,0	4	6	2,6	2	3	2,5	0	5
SADT	7,1	7	6,0	8	4	8,0	8	8	5,5	3	8
SeeMe	7,4	6	7,0	6	8	7,6	7	8	4,0	7	1
SOM	6,1	5	6,5	6	7	5,4	6	5	3,5	7	0
UML	6,8	4	7,0	5	9	5,2	4	6	8,0	7	9
V-Modell	3,2	1	5,0	3	7	1,8	0	3	2,5	1	4

Tabelle 4.3:   Bewertungsmatrix, allgemeine Kriterien (Teil 1)

Kriterium	150	151	152	160	161	162	170	180	190
ARIS	6,4	8	6	6,0	9	5	9	9	9
Bonapart	6,0	6	6	2,8	5	2	9	9	9
BPMN	7,0	3	8	4,5	6	4	5	5	9
CIM-OSA	4,2	1	5	0,0	0	0	5	5	5
ECAA	2,6	1	3	5,3	3	6	5	5	9
EEML	2,8	2	3	3,5	5	3	5	5	9
EPBE	3,4	1	4	7,0	7	7	5	5	9
ERM	9,0	9	9	0,0	0	0	9	9	0
GERAM	4,4	2	5	0,0	0	0	0	5	5
GPO-WM	0,8	0	1	3,0	3	3	9	5	5
GRAI	4,6	3	5	2,8	5	2	9	9	5
IDEF	8,0	8	8	0,8	0	1	9	9	5
INCOME	3,6	2	4	1,5	0	2	9	9	9
IPKM	2,6	1	3	4,3	2	5	9	9	5
IUM	5,8	5	6	2,5	4	2	9	9	5
K3	0,8	0	1	5,0	2	6	5	5	5
KMDL	0,8	0	1	2,8	2	3	9	9	5
KMFM	0,8	0	1	0,0	0	0	9	5	0
KODA	1,6	0	2	6,8	6	7	9	9	5
KSA	3,4	1	4	4,3	5	4	9	9	5
ooGPM	0,8	0	1	5,5	7	5	5	5	9
PERA	4,4	2	5	0,0	0	0	5	5	5
Petri-Netz	9,0	9	9	1,5	0	2	9	9	9
PROMET	3,6	2	4	2,0	2	2	9	9	5
PROMOTE	1,8	1	2	1,3	2	1	9	9	5
RUP	5,2	6	5	0,0	0	0	9	5	0
SADT	8,6	7	9	0,0	0	0	9	9	5
SeeMe	1,6	0	2	8,0	8	8	9	5	9
SOM	4,0	0	5	1,3	2	1	5	9	9
UML	9,0	9	9	5,8	8	5	5	9	9
V-Modell	6,0	2	7	0,0	0	0	5	5	0

Tabelle 4.4:   Bewertungsmatrix, allgemeine Kriterien (Teil 2)

Kriterium	200	210	220	230	240	250	251	252	260	270	280	290	Gesamt-bewertung	Ranking
ARIS	4,2	5	0	5	9	5,4	9	0	1	5	0	-	5,24	2
Bonapart	0,8	0	0	5	0	0,0	0	0	0	0	0	-	2,84	19
BPMN	3,8	5	5	9	0	0,0	0	0	0	0	9	-	4,55	6
CIM-OSA	0,0	0	0	0	0	0,0	0	0	0	0	0	-	1,22	29
ECAA	2,8	5	5	5	0	0,0	0	0	0	0	0	-	3,79	10
EEML	2,8	5	5	5	0	0,0	0	0	0	0	0	-	3,67	11
EPBE	4,0	5	5	5	5	0,0	0	0	0	0	9	-	4,54	7
ERM	0,8	0	0	5	0	0,0	0	0	0	0	0	-	2,48	22
GERAM	0,5	0	0	0	0	0,0	0	0	0	0	9	-	1,03	30
GPO-WM	2,1	0	0	5	9	0,0	0	0	0	0	0	-	3,33	14
GRAI	1,5	0	0	5	5	0,0	0	0	0	0	0	-	2,95	17
IDEF	1,4	0	0	0	9	0,0	0	0	0	0	0	-	2,98	16
INCOME	3,1	0	0	0	9	0,0	0	0	7	9	0	-	4,30	8
IPKM	0,0	0	0	0	0	0,0	0	0	0	0	0	-	2,00	24
IUM	2,1	0	0	5	9	0,0	0	0	0	0	0	-	3,57	12
K3	4,8	5	5	5	0	5,4	9	0	8	9	0	-	4,91	4
KMDL	1,0	0	0	0	5	5,4	9	0	0	0	0	-	2,73	20
KMFM	0,0	0	0	0	0	0,0	0	0	0	0	0	-	1,29	27
KODA	3,0	5	5	5	0	5,4	9	0	0	0	0	-	4,20	9
KSA	0,3	0	0	0	0	5,4	9	0	0	0	0	-	2,26	22
ooGPM	4,1	5	5	5	9	0,0	0	0	0	0	0	-	4,57	5
PERA	0,0	0	0	0	0	0,0	0	0	0	0	0	-	1,23	28
Petri-Netz	1,4	0	0	0	9	0,0	0	0	0	0	0	-	3,35	13
PROMET	0,8	0	0	0	5	0,0	0	0	0	0	0	-	2,49	21
PROMOTE	1,4	0	0	0	9	0,0	0	0	0	0	0	-	2,88	18
RUP	0,0	0	0	0	0	0,0	0	0	0	0	0	-	1,35	26
SADT	1,4	0	0	0	9	0,0	0	0	0	0	0	-	3,06	15
SeeMe	4,6	9	0	0	5	5,4	9	0	9	9	0	-	5,47	1
SOM	0,0	0	0	0	0	0,0	0	0	0	0	0	-	1,82	25
UML	4,2	9	5	9	0	0,0	0	0	0	0	0	-	4,93	3
V-Modell	0,0	0	0	0	0	0,0	0	0	0	0	0	-	0,95	31

Tabelle 4.5:   Bewertungsmatrix, spezifische Kriterien und Ranking

Aus der Analyse ergibt sich folgendes Ranking der untersuchten Modellierungsmethoden:

1. SeeMe (Semistrukturierte soziotechnische Modellierungsmethode)

2. ARIS (Architektur integrierter Informationssysteme)

3. UML (Unified Modeling Language)

4. K3 (Kommunikation Koordination Kooperation)

5. ooGPM (Objektorientierte Geschäftsprozessmodellierung)

6. BPMN (Business Process Modeling Notation)

7. EPBE (Eriksson Penker Business Extensions)

8. INCOME (Interactive Net-Based Conceptual Modelling Environment)

9. KODA (Kommunikationsdiagnose)

10. ECAA (Event-Condition-Action-Alternative Action)

Die im Ergebnis der Untersuchung erstellte Bewertungsmatrix ist Basis für die
nachfolgende Schwachstellenanalyse, mit der die Defizite in ausgewählten Modellierungsmethoden bezüglich der Abbildbarkeit schwach strukturierter und schwer
formalisierbarer Kommunikationsprozesse in KMU-Netzwerken identifiziert und
spezifiziert werden können. Darüber hinaus dient die Bewertungsmatrix der Analyse
von Leistungsunterschieden der einzelnen Modellierungsmethoden, um eine
Basismodellierungsmethode auswählen zu können.

4.4   Schwachstellenanalyse

4.4.1   SWOT-Analyse

Ausgehend von den Ergebnissen des vorangegangenen Abschnitts werden die in der
Bewertungsmatrix hoch bewerteten Modellierungsmethoden und -sprachen noch
einmal detaillierter betrachtet. Die Untersuchung wird in Form einer SWOT-Analyse
durchgeführt. In dieser Analyse werden die Stärken und Schwächen der Metho-
den/Sprachen sowie die Chancen und Risiken der Nutzung dieser Methoden/Sprachen
als Basismodellierungsmethode aufgeführt.

SeeMe (Semistrukturierte soziotechnische Modellierungsmethode)

- Stärken: Aufgrund der recht generisch gehaltenen Basiselemente[106] ist die Methode sehr übersichtlich gestaltet. Sie kann sehr schnell und einfach erlernt werden. Mit Hilfe der Basiselemente sind vielfältige Sachverhalte darstellbar. Die Konnektoren- und Beziehungstypen sind umfangreich, so dass die meisten Ordnungsbeziehungen zwischen den Basiselementen gut abgebildet werden können. Eine erste Besonderheit stellt das Element *Modifikator* dar, mit dem sich Ereignisse und deren Eintrittswahrscheinlichkeiten abbilden lassen. Der Modifikator kann auch die Existenz der Basiselemente beeinflussen, indem er mit diesen kombiniert wird. Eine weitere Besonderheit ist die explizite Abbildung vager Sachverhalte, indem eines der verschiedenen Vagheitssymbole mit einem Basiselement kombiniert wird. Auch die Einbettung von Basiselementen in Basiselemente ist eine sehr nützliche Funktion zur Darstellung komplexer Systeme.

- Schwächen: Unterschiedliche Elementeklassen müssen unter den gleichen Symbolen, die sich nur in der Bezeichnung unterscheiden, dargestellt werden, da zumindest im SeeMe-Editor[107] keine individuelle Gestaltung von Basiselementen vorgesehen ist. Es ist kein expliziter Beziehungstyp vorhanden, der soziale Beziehungen und deren Attribute zwischen den Akteuren abbilden kann. Die Attribute der Elemente sind im SeeMe-Editor nur insoweit berücksichtigt, als dass sie aufgeführt aber nicht zur Modellauswertung nutzbar sind. Ebenfalls ist es im SeeMe-Editor nicht möglich, einzelne Modellelemente mit detaillierten Modellen (außer Einbettungen) zu untersetzen. Auch das Erstellen von sprechakttheoretischen Kommunikationslandkarten ist nicht möglich.

- Chancen: Die Modellierungssprache SeeMe bietet die besten Möglichkeiten zur Abbildung von schwach strukturierten und unsicheren Sachverhalten.

- Risiken: Die generische Symbolik der SeeMe-Modellierungssprache kann bei der Abbildung komplexer Sachverhalte sehr schnell zu unübersichtlichen Modellen führen. Dies kann zur Ablehnung der Methode führen, da kein differenzierter Überblick über komplexe Modelle möglich ist.

---

[106] Aktivität, Entität, Rolle, Metabasiselement.
[107] Version 3.5.4.

ARIS (Architektur integrierter Informationssysteme)

- Stärken: Die ARIS-Methode basiert auf einem Ordnungsrahmen[108] und verfügt über eine große Anzahl von Darstellungsmöglichkeiten[109] zur Abbildung vielfältigster Unternehmenssachverhalte. Die Methode ist sehr komplex, beruht jedoch auf einem schlüssigen Konzept. Es gibt eine sehr große Anzahl von Modellelementen, die im ARIS-Toolset zur Komplexitätsreduktion über Filter bereitgestellt werden können. Die fest vorgegebenen Elemente können in ihrem Aussehen individuell angepasst werden. Auch das Abbilden von Wissensstrukturen ist möglich. Die Attributierung der Elemente kann bedingt individuell vorgenommen werden. Neben den unterschiedlichsten Diagrammtypen stehen auch Diagramme der UML zur Verfügung. Über das ARIS-Toolset können Modellelemente mit ausgewählten Modelltypen untersetzt werden. Auch die Abbildung von Wahrscheinlichkeiten ist mit ARIS realisierbar.

- Schwächen: Eine Erweiterung von ARIS um neue Modelelemente ist nicht ohne weiteres realisierbar. Eine Abbildung vager Sachverhalte[110] ist nicht explizit machbar. Es ist kein Beziehungstyp vorhanden, der soziale Beziehungen und deren Attribute zwischen den Akteuren komfortabel abbilden kann. Auch das Erstellen von sprechakttheoretischen Kommunikationslandkarten ist nicht möglich.

- Chancen: Bei der Nutzung der ARIS-Methode kann auf eine sehr große Basis von Elementen und Modelltypen zurückgegriffen werden, mit der nahezu alle stark strukturierten und formalisierten Sachverhalte abgebildet werden können. Auch existiert bereits ein erprobtes und häufig genutztes Software-Werkzeug. Die von ARIS unterstützten Darstellungsmöglichkeiten sind weit verbreitet.

- Risiken: Die Methode ARIS müsste um eine Reihe zusätzlicher Modellelemente erweitert werden, um vage Sachverhalte und komplexe soziale Beziehungen abbilden zu können. Bei der Nutzung von ARIS müsste auf das ARIS-Toolset als Werkzeug zurückgegriffen werden, was lizenzrechtliche Fragen aufwerfen könnte.

---

[108] „ARIS-Haus".
[109] Diagrammtypen.
[110] Im Sinne von unsicheren Sachverhalten.

UML (Unified Modeling Language)

- Stärken: Die UML ist eine Modellierungssprache, die eine sehr große Verbreitung erfahren hat. Sie verfügt über eine übersichtliche Grundmenge von Modellelementen[111] sowie eine Reihe von Darstellungsmöglichkeiten[112] zur Abbildung statischer sowie dynamischer Aspekte der Modellierung informationstechnisch geprägter Sachverhalte. Zur Erweiterung der UML stehen Stereotypen zur Verfügung. Die Attributierung der Elemente ist individuell durchführbar. Komplexe Beziehungen lassen sich bedingt über Assoziationsklassen beschreiben. Für die UML existieren unterschiedlichste Modellierungswerkzeuge wie beispielsweise Rational Rose.

- Schwächen: Eine Erweiterung der UML um neue Modellelemente ist nur durch Verwendung von Stereotypen möglich. Eine Abbildung vager bzw. unsicherer Sachverhalte ist mit UML nicht realisierbar. Auch Wahrscheinlichkeiten, mit denen bestimmte Sachverhalte wie Ereignisse oder Aktivitäten eintreten können, lassen sich mit UML nicht abbilden. Eine differenzierte Visualisierung kommunikationsspezifischer Sachverhalte wie sprechakttheoretische Kommunikationslandkarten, Akteur- und Situationsbeschreibungen ist nicht vorgesehen.

- Chancen: Bei der Nutzung der UML kann auf eine bewährte Basis von Elementen und Modelltypen zurückgegriffen werden, mit der nahezu alle stark strukturierten und formalisierten Sachverhalte abgebildet werden können. Es existieren bereits erprobte und häufig genutzte Software-Werkzeuge.

- Risiken: Die UML müsste um eine Reihe von Elementen erweitert werden, um vage Sachverhalte abbilden zu können. Es ist anzunehmen, dass dies mit dem methodischen Konzept der UML nicht vereinbar ist. Weiterhin neigt die generische Symbolik der UML bei der Abbildung komplexer Sachverhalte sehr schnell dazu, unübersichtliche Modelle zu erzeugen. Dies kann zur Ablehnung der UML führen, da die angestrebte Klientel keine Softwareentwickler sind.

K3 (Kommunikation Koordination Kooperation)

- Stärken: Die Methode K3 stellt eine Erweiterung der UML dar. Aus diesem Grund kann die Methode, auch wenn sie noch keine große Verbreitung gefunden

---

[111] Klasse, Objekt, Zustand, Interface, Paket, Kommentar und Komponente.
[112] Diagrammtypen.

hat, leicht adaptiert werden. Sie besitzt somit die Stärken, die bereits bei der UML aufgeführt wurden. Die Methode K3 stellt die zusätzlichen Elemente *Aufgabe, Information und Organisationseinheit* auf Basis von Stereotypen zur Verfügung. Die Abbildung schwach strukturierter Sachverhalte wird durch so genannte *Blobs*[113] realisiert. Auch das explizite Ausschließen *verbotener Aktivitäten* ist eine sinnvolle Darstellungsmöglichkeit.

- Schwächen: Die meisten Schwächen der UML treffen auch für die Methode K3 zu. Eine Erweiterung der K3 um neue Modellelemente ist nur mit Hilfe von Stereotypen realisierbar. Eine Abbildung vager bzw. unsicherer Sachverhalte ist unter Verwendung der Blobs nur bedingt möglich. Wahrscheinlichkeiten, mit denen bestimmte Sachverhalte wie Ereignisse oder Aktivitäten eintreten können, lassen sich mit K3 nicht abbilden. Eine differenzierte Visualisierung kommunikationsspezifischer Sachverhalte wie sprechakttheoretische Kommunikationslandkarten, Akteur- und Situationsbeschreibungen ist nicht möglich.

- Chancen: Bei der Nutzung der K3-Methode kann auf eine bewährte Basis von Elementen und Modelltypen zurückgegriffen werden, mit der nahezu alle stark strukturierten und formalisierten Sachverhalte abgebildet werden können. Auch schwach strukturierte Sachverhalte können mit erheblichen Einschränkungen abgebildet werden.

- Risiken: Die K3-Methode müsste um eine Reihe von Elementen erweitert werden, um vage Sachverhalte ausreichend abbilden zu können. Da die generische Symbolik der UML auch bei der K3 zur Anwendung kommt, kann es auch mit der K3-Methode bei der Abbildung komplexer Sachverhalte sehr schnell zu unübersichtlichen Modellen kommen. Dies kann zur Ablehnung der K3 führen.

ooGPM (Objektorientierte Geschäftsprozessmodellierung)

- Stärken: Die Methode ooGPM ist ebenfalls eine auf der UML basierende Methode. Sie stellt eine sehr schlüssige Handlungsanweisung zur Abbildung von Geschäftsprozessen dar. Die ooGPM hat dank der UML-Notation und einiger Erweiterungen das Potenzial, auf eine breite Akzeptanz bei Modellierern zu stoßen.

---

[113] Unspezifizierte Einbettung von Elementen in Elemente.

- Schwächen: Aufgrund der UML-basierten Notation werden die Schwächen der UML auch bei der ooGPM wirksam. Die Erweiterung der ooGPM um neue Modellelemente kann keinen Beitrag zur Verbesserung der Abbildung vager bzw. unsicherer Sachverhalte liefern. Eine differenzierte Visualisierung von kommunikationsspezifischen Sachverhalten wie sprechakttheoretische Kommunikationslandkarten, Akteur- und Situationsbeschreibungen ist mit der ooGPM nicht möglich.

- Chancen: Die Nutzung der ooGPM ermöglicht ein sicheres und komfortables Vorgehen bei der Modellierung von strukturierten und formalisierten Sachverhalten. Es kann auf eine bewährte Basis von Elementen und Modelltypen zurückgegriffen werden, mit der nahezu alle stark strukturierten und formalisierten Sachverhalte abgebildet werden können.

- Risiken: Die ooGPM müsste um eine Reihe von Elementen erweitert werden, um schwach strukturierte und vage Sachverhalte abbilden zu können. Die generische Symbolik der UML führt auch bei der ooGPM sehr schnell zu unübersichtlichen Modellen, wenn die Abbildung komplexer Sachverhalte erfolgt. Dies kann zur Ablehnung der Methode führen.

BPMN (Business Process Modeling Notation)

- Stärken: Die BPMN basiert auf einer der UML ähnlichen Notation. Sie hat trotz der kurzen Zeit ihrer Existenz eine erstaunliche Verbreitung gefunden. Die BPMN besteht aus den folgenden Elementen: *Flussobjekt,*[114] *Verbindungsobjekt,*[115] *Swim Lane*[116] *und Artefakt.*[117] Die Notation ist sehr einfach erlern- und anwendbar. Sie eignet sich für die Abbildung strukturierter und formalisierter Sachverhalte. Auch eine bedingte Abbildung von Kommunikationsprozessen ist möglich.

- Schwächen: Die BPMN unterstützt die Abbildung schwach strukturierter oder vager Prozesse nicht. Eine differenzierte Visualisierung kommunikationsspezifischer Sachverhalte wie sprechakttheoretische Kommunikationslandkarten, Akteur- und Situationsbeschreibungen ist nicht möglich.

---

[114] Dazu gehören Ereignis, Aktivität, Gateway.
[115] Dazu gehören Sequenzfluss, Mitteilungsfluss und Assoziation.
[116] Dazu gehören Pool und Lane.
[117] Dazu gehören Datenobjekt, Gruppe, Text.

- Chancen: Mit der BPMN steht eine sehr kleine Anzahl von Elementen zur Verfügung, mit der strukturierte und formalisierbare Geschäftsprozesse recht gut abgebildet werden können.

- Risiken: Die BPMN müsste um eine Reihe von Elementen erweitert werden, um vage Sachverhalte ausreichend abbilden zu können. Auch die vorhandene Notationsphilosophie kann bei der Abbildung komplexer Sachverhalte sehr schnell zu unübersichtlichen Modellen führen. Das kann zur Ablehnung der Methode führen.

EPBE (Eriksson Penker Business Extensions)

- Stärken: Die EPBE sind Erweiterungen der UML, um Geschäftsprozesse komfortabler abbilden zu können. Sie definieren vier sogenannte Business Views[118] und erweitern das Klassen-, Objekt-, Sequenz-, Kommunikations-, Aktivitäts- und Zustandsdiagramm um eine Reihe von stereotypbasierten Modellierungselementen. Die EPBE verfügen als Erweiterungen der UML über die Stärken, die bereits bei der UML aufgeführt wurden.

- Schwächen: Die meisten Schwächen der UML treffen ebenfalls für die EPBE zu. Die EPBE stellt keine detaillierten Aussagen über deren Anwendungskonzept zur Verfügung. Eine Abbildung vager bzw. unsicherer Sachverhalte ist nicht möglich. Wahrscheinlichkeiten, mit denen bestimmte Sachverhalte wie Ereignisse oder Aktivitäten eintreten können, lassen sich mit EPBE nicht abbilden. Eine differenzierte Visualisierung kommunikationsspezifischer Sachverhalte wie sprechakttheoretische Kommunikationslandkarten, Akteur- und Situationsbeschreibungen ist nicht möglich.

- Chancen: Bei der Nutzung der EPBE-Konstrukte kann unter Einbeziehung der übrigen UML-Elemente und -Modelltypen eine verbesserte Abbildungsqualität für stark strukturierte und formalisierte Geschäftsprozesse erzielt werden. Hierfür kann auf eine bewährte Basis von Elementen zurückgegriffen werden, mit der nahezu alle formalisierten Sachverhalte abgebildet werden können.

- Risiken: Für die Abbildung schwer formalisierbarer und vager Sachverhalte müssten eine Reihe von Elementen zusätzlich eingeführt werden, um eine komfortable Modellierung zu gewährleisten. Da die EPBE-Konstrukte Stereo-

---

[118] Business Vision, Business Process, Business Structure und Business Behaviour.

typen der UML sind, kann es auch hier aufgrund der generischen Symbolik der UML bei der Abbildung komplexer Sachverhalte sehr schnell zu unübersichtlichen Modellen kommen. Dies kann zur Ablehnung der Methode führen.

INCOME (Interactive Net-Based Conceptual Modelling Environment)

• Stärken: INCOME ist ein Werkzeug zur Modellierung und Simulation betrieblicher Abläufe auf der Grundlage von Petri-Netzen verbunden mit einem eher impliziten Vorgehensmodell. Für die Abbildung stehen die Elemente *Transitionen,*[119] *Stellen,*[120] *Kanten und Marken*[121] zur Verfügung. Es können u.a. Neben-läufigkeiten, Verteiltheit und asynchrone Kommunikation abgebildet werden. INCOME eignet sich besonders gut zur Modellierung von Systemen mit kooperierenden Prozessen. Die Abbildung von Geschäftsprozessen mit Hilfe von INCOME kann in unterschiedlichen Granularitätsstufen sehr detailliert erfolgen.

• Schwächen: Die Nutzung von INCOME zur Darstellung von komplexeren Sachverhalten ist nicht trivial. Die wenigen zur Verfügung stehenden Elemente zur Modellierung sorgen sehr schnell für unübersichtliche Modelle. Mit INCOME können keine schwach strukturierten oder vagen Prozesse abgebildet werden.

• Chancen: Bei der Nutzung von INCOME kann auf eine bewährte Methode[122] zurückgegriffen werden, die neben der Modellierung auch die Simulation von Modellen ermöglicht. Es können nahezu alle stark strukturierten und formalisierten Sachverhalte abgebildet werden.

• Risiken: INCOME kann nicht um Elemente erweitert werden, die schwach strukturierte oder vage Sachverhalte ausdrücken, weil dies nicht mit der Philosophie der Petri-Netze vereinbar ist. In diesem Fall müssten Petri-Netze mit anderen Modellierungsphilosophien gekoppelt werden. Ein solches Vorgehen wäre mit erheblichem Aufwand verbunden. Die generische Symbolik der Petri-Netze führt bei komplexen Sachverhalten sehr schnell zu unübersichtlichen Modellen. Dies kann verstärkt zur Ablehnung der Methode führen.

---

[119] Aktionen, Handlungen.
[120] Bedingungen, Zustände.
[121] Objekte.
[122] Petri-Netze.

KODA (Kommunikationsdiagnose)

- Stärken: KODA ist als eine Methode zur Abbildung von Geschäftsprozessen speziell darauf ausgerichtet, wissensintensive Geschäftsprozesse und Kommunikationsstrukturen komfortabel zu analysieren und dynamisch abzubilden. Die Datenaufnahme und Modellierung erfolgt auf Basis der relativ generischen Modellelemente *Ziel, Organisation, Prozess, Ressource und Kennzahl*. Unternehmensprozesse werden speziell aus dem Blickwinkel Information und Kommunikation strukturiert erfasst. Das Ziel der Modellierung ist eine die Komplexität reduzierende Betrachtung der spezifischen Sichten *Organisation, Prozesse* und *Ressourcen* auf das Kommunikationsnetzwerk. KODA verfügt über eine Software, die auf der Basis von Java erstellt wurde und die nach den Angaben der Entwickler beliebig um zusätzliche Objekte, Objekttypen[123] und Schnittstellen erweitert werden kann.

- Schwächen: Wie die meisten anderen Methoden und Sprachen sieht auch die KODA keine Modellelemente vor, mit deren Hilfe schwach strukturierte oder vage Prozesse dargestellt werden können. Eine differenzierte Visualisierung kommunikationsspezifischer Sachverhalte wie sprechakttheoretische Kommunikationslandkarten oder Akteurs- und Situationsbeschreibungen ist nur rudimentär möglich. Auch existieren in KODA keine primären Objekte und Beziehungen zur expliziten Wissensabbildung.

- Chancen: KODA stellt eine schlüssige Methode zur Geschäftsprozessmodellierung dar. Bei Nutzung der Methode kann zusätzlich zur herkömmlichen Geschäftsprozessmodellierung auf die Abbildung von Wissensstrukturen und Wissensprozessen verwiesen werden. Auch stellt die zumindest technisch realisierbare Erweiterbarkeit der Software einen Vorteil gegenüber anderen Methoden/Sprachen dar.

- Risiken: KODA müsste um eine Reihe von Elementen erweitert werden, um schwach strukturierte und vage Prozesse abbilden zu können. Da die Methode auf die vorhandenen Modellelemente abgestimmt ist, besteht die Möglichkeit, dass sich bei der Einführung neuer Elemente Widersprüche zur bestehenden Methode ergeben.

---

[123] Klassen.

ECAA (Event-Condition-Action-Alternative Action)

- Stärken: ECAA-Regeln ermöglichen speziell im Bereich der UML-basierten Geschäftsprozessmodellierung die Darstellung von *Entscheidungen mit entsprechenden Eintrittswahrscheinlichkeiten.* [124] Damit ist eine Grundlage zur Modellierung simulationsfähiger Geschäftsprozesse gegeben. So lassen sich stark strukturierte Prozesse bequem und eindeutig abbilden.

- Schwächen: Die Modellierung mit ECAA-Regeln deckt ausschließlich stark strukturierte Sachverhalte ab. Die Abbildung schwach strukturierter oder vager Sachverhalte ist nicht möglich. Eine Modellierung von Geschäftsprozessen, die ausschließlich mit ECAA-Regeln erfolgt, wird sehr schnell unübersichtlich, da die Abbildungsmöglichkeiten begrenzt sind.

- Chancen: ECAA-Regeln können Geschäftsprozesse als Geschäftsregeln mit alternativen Abläufen abbilden. Hierfür können die ECAA-Regeln mit den EPBE-Erweiterungen kombiniert werden.

- Risiken: Obwohl sich Geschäftsprozesse als Geschäftsregeln mit alternativen Abläufen realisieren lassen, können schwach strukturierte und vage Prozesse nicht abgebildet werden. Die verwendete Symbolik führt sehr schnell zu unübersichtlichen Modellen. In Kombination mit den EPBE und UML gelten die dort aufgeführten Risiken ebenfalls, d.h. die generische Symbolik kann aus Gründen der Unübersichtlichkeit sehr schnell zur Ablehnung der Methode führen.

4.4.2 Defizitliste

Im Anschluss an die SWOT-Analyse wird eine Defizitliste erstellt, in der die Schwächen der zehn besten Modellierungsmethoden/-sprachen aufgelistet sind. Die Ergebnisse dieser Liste werden zu einer Analysematrix komprimiert, in der vier weitere Modellierungsmethoden/-sprachen, die eine schlechtere Gesamtbewertung erhalten haben, aufgenommen werden. Sie sind in mindestens einer der untersuchten Anforderungen, in der die besser platzierten Methoden/Sprachen keine zufriedenstellenden Lösungen bieten können, mit gut bewertet worden oder lieferten einen Ansatz zur Erfüllung der Anforderungskriterien. Diese Methoden/Sprachen sind insoweit interessant, als dass sie einen speziellen Lösungsvorschlag oder -ansatz aufzeigen, um die Anforderungen an die zu entwickelnde Methode/Sprache erfüllen zu können.

---

[124] Geschäftsregeln.

Die Defizitliste (siehe Tabelle 4.6) ist das Ergebnis einer detaillierten Untersuchung der Top10-Modellierungsmethoden/-sprachen. Sie enthält jene Anforderungs-kriterien,[125] die von den untersuchten Methoden/Sprachen nicht oder nur bedingt erfüllt werden können. Für die Erarbeitung der Defizitliste wurden einige der spezifischen Kriterien der Bewertungsmatrix noch einmal präzisiert.

Methode/Sprache	Kriterium	Beschreibung	Schweregrad
SeeMe	Hinterlegung	ist nicht möglich	hoch
	Wissensabbildung	ist bedingt möglich	mittel
	Darstellung sozialer Beziehungen	ist nicht möglich	hoch
	grafische Umfeldbeschreibung	ist nicht möglich	hoch
	Abbildung sprechakttheoretischer Kommunikationslandkarten	ist nicht möglich	hoch
	Objekterweiterung	ist bedingt möglich	hoch
	freie Attributierbarkeit	ist bedingt möglich	hoch
	Attributnutzung zur Modellanalyse	ist nicht möglich	hoch
	grafische Unterscheidung von Objekten einer Klasse	ist nicht möglich	hoch
	grafische Darstellung ausgewählter Attributeigenschaften	ist nicht möglich	hoch
ARIS	Abbildung vager Prozesse	ist nicht möglich	hoch
	Abbildung schwach strukturierter Prozesse	ist nicht möglich	hoch
	Einbettung	ist nicht möglich	hoch
	Wissensabbildung	ist bedingt möglich	mittel
	Darstellung sozialer Beziehungen	ist nicht möglich	hoch
	grafische Umfeldbeschreibung	ist nicht möglich	hoch
	Abbildung sprechakttheoretischer Kommunikationslandkarten	ist nicht möglich	hoch
	Objekterweiterung	ist bedingt möglich	hoch
	freie Attributierbarkeit	ist bedingt möglich	hoch
	grafische Unterscheidung von Objekten einer Klasse	ist bedingt möglich	hoch
	grafische Darstellung ausgewählter Attributeigenschaften	ist nicht möglich	hoch

[125] Eine detaillierte Beschreibung der Kriterien erfolgt in Abschnitt 4.5.

Methode/Sprache	Kriterium	Beschreibung	Schweregrad
UML	Abbildung vager Prozesse	ist nicht möglich	hoch
	Abbildung schwach strukturierter Prozesse	ist nicht möglich	hoch
	Abbilden von Wahrscheinlichkeiten	ist nicht möglich	hoch
	Einbettung	ist bedingt möglich	hoch
	Wissensabbildung	ist bedingt möglich	mittel
	Darstellung sozialer Beziehungen	ist nicht möglich	hoch
	grafische Umfeldbeschreibung	ist nicht möglich	hoch
	Abbildung sprechakttheoretischer Kommunikationslandkarten	ist nicht möglich	hoch
	Objekterweiterung	ist bedingt möglich	hoch
	grafische Unterscheidung von Objekten einer Klasse	ist nicht möglich	hoch
	grafische Darstellung ausgewählter Attributeigenschaften	ist nicht möglich	hoch
K3 (UML-basiert)	Abbildung vager Prozesse	ist nicht möglich	hoch
	Abbildung schwach strukturierter Prozesse	ist nicht möglich	hoch
	Abbilden von Wahrscheinlichkeiten	ist nicht möglich	hoch
	Einbettung	ist bedingt möglich	hoch
	Wissensabbildung	ist bedingt möglich	mittel
	Darstellung sozialer Beziehungen	ist nicht möglich	hoch
	grafische Umfeldbeschreibung	ist nicht möglich	hoch
	Abbildung sprechakttheoretischer Kommunikationslandkarten	ist nicht möglich	hoch
	Objekterweiterung	ist bedingt möglich	hoch
	grafische Unterscheidung von Objekten einer Klasse	ist nicht möglich	hoch
	grafische Darstellung ausgewählter Attributeigenschaften	ist nicht möglich	hoch
ooGPM (UML-basiert)	Abbildung vager Prozesse	ist nicht möglich	hoch
	Abbildung schwach strukturierter Prozesse	ist nicht möglich	hoch
	Abbilden von Wahrscheinlichkeiten	ist nicht möglich	hoch
	Einbettung	ist bedingt möglich	hoch
	Wissensabbildung	ist bedingt möglich	mittel

Methode/Sprache	Kriterium	Beschreibung	Schweregrad
ooGPM (UML-basiert)	Darstellung sozialer Beziehungen	ist nicht möglich	hoch
	grafische Umfeldbeschreibung	ist nicht möglich	hoch
	Abbildung sprechakttheoretischer Kommunikationslandkarten	ist nicht möglich	hoch
	Objekterweiterung	ist bedingt möglich	hoch
	grafische Unterscheidung von Objekten einer Klasse	ist nicht möglich	hoch
	grafische Darstellung ausgewählter Attributeigenschaften	ist nicht möglich	hoch
BPMN (an UML angelehnt)	Abbildung vager Prozesse	ist nicht möglich	hoch
	Abbildung schwach strukturierter Prozesse	ist nicht möglich	hoch
	Abbilden von Wahrscheinlichkeiten	ist nicht möglich	hoch
	Einbettung	ist nicht möglich	hoch
	Wissensabbildung	ist bedingt möglich	mittel
	Darstellung sozialer Beziehungen	ist nicht möglich	hoch
	grafische Umfeldbeschreibung	ist nicht möglich	hoch
	Abbildung sprechakttheoretischer Kommunikationslandkarten	ist nicht möglich	hoch
	Objekterweiterung	ist bedingt möglich	hoch
	grafische Unterscheidung von Objekten einer Klasse	ist nicht möglich	hoch
	grafische Darstellung ausgewählter Attributeigenschaften	ist nicht möglich	hoch
EPBE (UML-basiert)	Abbildung vager Prozesse	ist nicht möglich	hoch
	Abbildung schwach strukturierter Prozesse	ist nicht möglich	hoch
	Abbilden von Wahrscheinlichkeiten	ist nicht möglich	hoch
	Einbettung	ist bedingt möglich	hoch
	Wissensabbildung	ist bedingt möglich	mittel
	Darstellung sozialer Beziehungen	ist nicht möglich	hoch
	grafische Umfeldbeschreibung	ist nicht möglich	hoch
	Abbildung sprechakttheoretischer Kommunikationslandkarten	ist nicht möglich	hoch
	Objekterweiterung	ist bedingt möglich	hoch

Methode/Sprache	Kriterium	Beschreibung	Schweregrad
EPBE (UML-basiert)	grafische Unterscheidung von Objekten einer Klasse	ist nicht möglich	hoch
	grafische Darstellung ausgewählter Attributeigenschaften	ist nicht möglich	hoch
INCOME	Abbildung vager Prozesse	ist nicht möglich	hoch
	Abbildung schwach strukturierter Prozesse	ist nicht möglich	hoch
	Einbettung	ist nicht möglich	hoch
	Wissensabbildung	ist nicht möglich	mittel
	Darstellung sozialer Beziehungen	ist nicht möglich	hoch
	grafische Umfeldbeschreibung	ist nicht möglich	hoch
	Abbildung sprechakttheoretischer Kommunikationslandkarten	ist nicht möglich	hoch
	Objekterweiterung	ist bedingt möglich	hoch
	grafische Unterscheidung von Objekten einer Klasse	ist nicht möglich	hoch
	grafische Darstellung ausgewählter Attributeigenschaften	ist nicht möglich	hoch
KODA	Abbildung vager Prozesse	ist nicht möglich	hoch
	Abbildung schwach strukturierter Prozesse	ist nicht möglich	hoch
	Abbilden von Wahrscheinlichkeiten	ist nicht möglich	hoch
	Einbettung	ist nicht möglich	hoch
	Wissensabbildung	ist nicht möglich	mittel
	Darstellung sozialer Beziehungen	ist nicht möglich	hoch
	grafische Umfeldbeschreibung	ist nicht möglich	hoch
	Abbildung sprechakttheoretischer Kommunikationslandkarten	ist nicht möglich	hoch
	Objekterweiterung	ist bedingt möglich	hoch
ECAA (UML-basiert)	grafische Unterscheidung von Objekten einer Klasse	ist nicht möglich	hoch
	grafische Darstellung ausgewählter Attributeigenschaften	ist nicht möglich	hoch
	Abbildung vager Prozesse	ist nicht möglich	hoch
	Abbildung schwach strukturierter Prozesse	ist nicht möglich	hoch

Methode/Sprache	Kriterium	Beschreibung	Schweregrad
	Einbettung	ist bedingt möglich	hoch
	Hinterlegung	ist nicht möglich	hoch
	Wissensabbildung	ist bedingt möglich	mittel
	Darstellung sozialer Beziehungen	ist nicht möglich	hoch
	grafische Umfeldbeschreibung	ist nicht möglich	hoch
ECAA (UML-basiert)	Abbildung sprechakttheoretischer Kommunikationslandkarten	ist nicht möglich	hoch
	Objekterweiterung	ist bedingt möglich	hoch
	freie Attributierbarkeit	ist nicht möglich	hoch
	Attributnutzung zur Modellanalyse	ist nicht möglich	hoch
	grafische Unterscheidung von Objekten einer Klasse	ist nicht möglich	hoch
	grafische Darstellung ausgewählter Attributeigenschaften	ist nicht möglich	hoch

Tabelle 4.6:   Defizitliste

Die Ergebnisse aus der Defizitliste können wie folgt zusammengefasst werden: Keine der Top10-Modellierungsmethoden/-sprachen ist in der Lage, alle geforderten Kriterien auch nur bedingt zu erfüllen. Es kann ebenfalls festgestellt werden, dass es Kriterien gibt, die von keiner der untersuchten Methoden/Sprachen erfüllt werden können. Auffällig ist, dass sechs der zehn geeigneten Methoden/Sprachen auf UML basieren oder – wie dies bei der BPMN der Fall ist – in Anlehnung an UML entwickelt wurden.

Für das weitere Vorgehen werden aus Gründen der Übersichtlichkeit die Ergebnisse der Defizitliste zu einer Analysematrix komprimiert. Diese Analysematrix (siehe Tabelle 4.7) enthält verschiedene Gruppen der relevanten Methoden/Sprachen, die für den Auswahlprozess sowie den späteren Entwicklungsprozess interessant sind. Die Gruppe I der Analysematrix zeigt die für die Auswahl relevanten nicht UML-basierten Top10-Methoden/Sprachen sowie die zu dem Vertreter „UML-Gruppe" zusammenge-fassten UML-basierten Methoden/Sprachen der Top10. Diese Zusammenfassung resultiert aus der Überlegung, dass sich ein in einer UML-basierten Modellierungs-methode/-sprache realisiertes Auswahlkriterium vergleichsweise einfach in eine andere, ebenfalls auf UML basierende Modellierungsmethode/-sprache implemen-tieren lässt. Somit können die betreffenden UML-basierten Methoden/Sprachen näherungsweise als eine Methode/Sprache mit den summarischen Eigenschaften ihres Vertreters aufgefasst werden.

Gruppe	Model-lierungs-methode/-sprache	Abbildung vager Prozesse	Abbildung schwach strukturierter Prozesse	Abbildung von Wahrscheinlichkeiten	Einbettung	Hinterlegung	Wissensabbildung	Darstellung sozialer Beziehungen	grafische Umfeldbeschreibung	Abbildung von sprechakttheoretischen Kommunikationslandkarten	semantische Erweiterbarkeit	syntaktische Erweiterbarkeit	freie Attributierbarkeit	Attributnutzung zur Modellanalyse	grafische Unterscheidung von Objekten einer Klasse	grafische Darstellung ausgewählter Attributeigenschaften
	SeeMe	x	x	x	x	–	o	–	–	–	o	o	o	–	–	–
	ARIS	–	–	x	–	x	o	–	–	–	o	o	o	x	o	–
I	UML-Gruppe	–	x	x	o	x	o	–	–	–	o	o	x	x	o	Δ
	INCOME	–	–	o	–	x	–	–	–	–	o	o	x	x	–	–
	KODA	–	–	–	–	x	–	–	–	–	o	o	x	x	–	–
	UML	–	–	–	o	x	o	–	–	–	o	o	x	x	–	–
	K3	–	x	–	o	x	o	–	–	–	o	o	x	x	–	–
II	ooGPM	–	–	–	o	x	o	–	–	–	o	o	x	x	–	–
	BPMN	–	–	–	–	x	o	–	–	–	o	o	x	x	–	–
	EPBE	–	–	–	o	x	o	–	–	–	o	o	x	x	–	–
	ECAA	–	–	x	–	–	–	–	–	–	–	–	–	–	–	–
II/III	EEML														o	Δ
	IUM													x		
III	KMDL						x									
	KSA									Δ						

Tabelle 4.7:   Analysematrix

Legende:

x   Eigenschaft wird in ausreichendem Umfang erfüllt

o   Eigenschaft wird in bedingtem Umfang erfüllt

–   Eigenschaft wird unbefriedigend oder nicht erfüllt

Δ   Methode verfügt über Ansätze zur Realisierung der Anforderung

Die Gruppe II der Analysematrix enthält aus Gründen der Vollständigkeit alle bereits untersuchten UML-basierten Top10-Methoden/Sprachen, die unter dem Vertreter „UML-Gruppe" zusammengefasst sind. Die Gruppe III der Analysematrix enthält ergänzende Methoden/Sprachen, die interessante Lösungen oder Lösungsansätze zu Bewertungskriterien bieten, die durch die Top10-Methoden nicht abgedeckt werden können. Die mit II/III bezeichnete Gruppe repräsentiert Methoden bzw. Sprachen, die formal der ergänzenden Methoden/Sprachen (Gruppe III) zugeordnet, aber aufgrund ihrer UML-Basiertheit auch der UML-Gruppe (Gruppe II) zugeordnet werden können.

Alle weiteren in Abschnitt 4.3.1 untersuchten Methoden/Sprachen, die nicht in der Analysematrix enthalten sind, verfügen über keine Eigenschaften, die in Bezug auf die gestellten Anforderungen nicht auch von den Top10 erfüllt werden würden. Das lässt darauf schließen, dass die Bewertung der untersuchten Methoden/Sprachen in Bezug auf die Bewertungskriterien realistisch ist.

4.5   Auswahl

Für die Integration von Kommunikationsartefakten in die zu wählende Basismodellie-rungsmethode ist es wesentlich, wie hoch der zu erwartende Aufwand eingeschätzt wird, der für die Umsetzung der geforderten, aber noch nicht enthaltenen Eigen-schaften nötig sein wird. Daher ist es unerheblich, wie viele der geforderten Bedin-gungen von den in der Analysematrix (siehe Tabelle 4.7) aufgeführten Methoden/ Sprachen erfüllt werden, wenn der Aufwand zur Implementierung fehlender Eigen-schaften exorbitant hoch ist. Vielmehr ist eine Balance zwischen Anzahl und Umfang der bereits vorhandenen Eigenschaften und dem zu erwartenden Aufwand für die Implementierung von fehlenden oder mangelhaft ausgeprägten Eigenschaften zu finden.

Um diesen Aufwand abschätzen zu können, folgen zuvor einige Bemerkungen zur Umsetzung der geforderten Auswahlkriterien:

Abbildung vager Prozesse

Für die Abbildung vager Prozesse wird die Vorgehensweise präferiert, die in der Modellierungssprache SeeMe angewandt wird. Hierfür sind geeignete Objekte zu entwickeln, welche durch Implementieren in ein oder mehrere Modellierungselemente die Unsicherheit des zu modellierenden Sachverhalts ausdrücken.

Abbildung schwach strukturierter Prozesse

Die Abbildung schwach strukturierter Prozesse kann in Anlehnung an K3 oder SeeMe erfolgen. Hierfür ist zu gewährleisten, dass Modellierungselemente ohne zeitliche und vorgangslogische Abfolge modelliert werden können.[126]

Abbilden von Wahrscheinlichkeiten

Für die Abbildung von Wahrscheinlichkeiten kann sowohl die Variante unter Verwendung der ECAA-Regeln als auch die in SeeMe realisierte Variante unter Nutzung eines sogenannten Modifikators angewandt werden. Beide Varianten sind gleichwertig in der Güte der Abbildung von Wahrscheinlichkeiten.

Einbettungen

Unter Einbettung wird das Positionieren von Modellelementen in Modellelemente verstanden. Eine Einbettung soll nicht nur grafisch realisierbar sein, sondern auch bestimmte Wirkungen auf die Auswertung des Modells haben. Hierfür ist die Entwicklung geeigneter Verknüpfungen zwischen einbettendem und eingebettetem Objekt notwendig. So ist zum Beispiel die Einbettung von Elementen in Elemente bei ARIS grafisch möglich. Diese Einbettung hat jedoch auf die Auswertung des Modells keinen Einfluss.

Hinterlegung

Hinterlegungen dienen dazu, den Detaillierungsgrad von Modellen zu erhöhen. Eine Hinterlegung beinhaltet die Untersetzung[127] eines Modellelements mit einem Detailmodell. Hier wird die Methodik, die z.B. bei ARIS angewandt wird, favorisiert.

---

[126] Beispielsweise in einem Container.
[127] Verlinkung.

Wissensabbildung

Für die Wissensabbildung ist es notwendig, Modellierungselemente zu implementieren, mit welchen verschiedene Wissenskategorien explizit abgebildet werden können. Möglich sind die Objekte *Information, Informationsquelle und -senke* sowie *vorhandenes und nachgefragtes Wissen*, wie sie zum Beispiel in KMDL verwendet werden. Diese Objekte sind mit den dazu passenden Symbolen zu entwickeln.

Darstellung sozialer Beziehungen

Die Darstellung sozialer Beziehungen kann über neu zu entwickelnde Beziehungsobjekte realisiert werden, die ähnlich den Assoziationsklassen der UML beschaffen sein sollten, um die relevanten Beziehungseigenschaften abzubilden. Die Eigenschaften dieser Beziehungsobjekte sollten für nachfolgende Analysen auswertbar sein.

Grafische Umfeldbeschreibung

Für die grafische Umfeldbeschreibung[128] sind ein oder mehrere Objekte mit dazu passenden Symbolen zu entwickeln und zu implementieren, um die relevanten Umfeldeigenschaften anschaulich abbilden zu können. Die Eigenschaften sollten für nachfolgende Analysen auswertbar sein.

Abbildung von sprechakttheoretischen Kommunikationslandkarten

Mittels neu zu entwickelnder Modellelemente soll es möglich sein, sprechakttheoretische Kommunikationslandkarten zu realisieren, mit denen Eigenschaften aus der Sprechakttheorie abgebildet werden können. Die Eigenschaften sollten für nachfolgende Analysen auswertbar sein.

Semantische Erweiterbarkeit

Semantische Erweiterbarkeit gewährleistet die mögliche Implementierung neuer Objekte in die Methode. Die Methode soll es prinzipiell zulassen, dass neue Modellierungselemente eingefügt werden können, ohne die Konsistenz der Methode zu gefährden. Dieses Bewertungskriterium ist von einer Basismodellierungsmethode/ -sprache zwingend zu erfüllen.

---

[128] Kontext.

Syntaktische Erweiterbarkeit

Syntaktische Erweiterbarkeit gewährleistet die Erweiterung der Verknüpfungsregeln von Modellierungselementen. Die Methode soll es prinzipiell zulassen, dass neu eingefügte Modellierungselemente mit entsprechenden Modellierungsregeln versehen werden können, um die Konsistenz der Methode zu gewährleisten. Dieses Bewertungskriterium ist von einer Basismodellierungsmethode/-sprache zwingend zu erfüllen.

Freie Attributierbarkeit

Dieses Kriterium gewährleistet die freie Beschreibung der Modellierungselemente. Es sollte zusätzlich zu einer standardisierten Beschreibung der Modellierungselemente realisiert werden können.

Attributnutzung zur Modellanalyse

Die Attributnutzung zur Modellanalyse soll den Zugriff einer Auswertungsfunktion auf die Attributausprägungen der Modellelemente gewährleisten. Das Kriterium sollte in der Methode verankert und bei der Entwicklung des Softwarewerkzeugs umgesetzt werden.

Grafische Unterscheidung von Objekten einer Klasse

Dieses Kriterium ist für die Übersichtlichkeit der Methode/Sprache verantwortlich. Zur Umsetzung des Kriteriums ist es notwendig, dass die Modellierungsmethode/-sprache sowie das Softwarewerkzeug die freie Gestaltung der Modellierungselemente zulässt.

Grafische Darstellung ausgewählter Attributeigenschaften

Dieses Kriterium dient ebenfalls der Übersichtlichkeit der Methode/Sprache. Zur Umsetzung des Kriteriums hat die Modellierungsmethode sowie das Softwarewerkzeug eine Variation der grafischen Darstellung bestimmter Modellierungsobjekte in Abhängigkeit ihrer Attributausprägungen zu realisieren.

Das Ergebnis der Aufwandsabschätzung kann der Tabelle 4.8 entnommen werden. Es zeigt, dass die Verwendung einer auf der *UML* basierenden Modellierungsmethode/-sprache zu bevorzugen ist, da hierbei der Aufwand zur Umsetzung aller gewünschten Eigenschaften am geringsten ist. Dieses Ergebnis überrascht, da z.b. die Methode/Sprache *SeeMe* weit besser zur Abbildung schwach strukturierter und vager Prozesse geeignet ist als z.b. der *UML-Standard* oder das UML-Derivat *K3*. Begründen lässt sich dieses Ergebnis damit, dass die Integration einiger Kriterien, die von unterschiedlichen UML-basierten Methoden/Sprachen erfüllt werden, aufwandsarm in eine UML-Basismethode möglich ist. So kann nicht zuletzt unter Kostengesichtspunkten eine zielführende Weiterentwicklung sichergestellt werden.

Modellierungsmethode/-sprache	Abbildung vager Prozesse	Abbildung schwach strukturierter Prozesse	Abbildung von Wahrscheinlichkeiten	Einbettung	Hinterlegung	Wissensabbildung	Darstellung sozialer Beziehungen	grafische Umfeldbeschreibung	Abbildung von sprechakttheoretischen Kommunikationslandkarten	semantische Erweiterbarkeit	syntaktische Erweiterbarkeit	freie Attributierbarkeit	Attributnutzung zur Modellanalyse	grafische Unterscheidung von Objekten einer Klasse	grafische Darstellung ausgewählter Attributeigenschaften	**Gesamtaufwand**
SeeMe	0,0	0,0	0,0	0,0	1,0	0,5	3,0	2,0	2,0	0,5	0,5	0,5	2,0	2,0	2,0	16,0
ARIS	3,0	3,0	0,0	1,0	0,0	0,5	2,0	2,0	2,0	0,5	0,5	0,5	1,0	1,0	2,0	19,0
UML-Gruppe	2,0	0,0	0,0	0,5	0,0	0,5	1,0	2,0	2,0	0,5	0,5	0,0	1,0	2,0	1,0	**13,0**
INCOME	5,0	4,0	0,5	4,0	0,0	4,0	5,0	2,0	2,0	0,5	0,5	0,0	1,0	2,0	4,0	34,5
KODA	3,0	3,0	2,0	2,0	0,0	2,0	2,0	2,0	2,0	0,5	0,5	0,0	1,0	2,0	3,0	25,0

Tabelle 4.8: Aufwandsabschätzung

Legende:

0	Eigenschaft wird vollständig erfüllt
0,5	Eigenschaft wird teilweise erfüllt
1	Aufwand zur Umsetzung der gewünschten Eigenschaft ist gering
5	Aufwand zur Umsetzung der gewünschten Eigenschaft ist hoch

„Die neue Wirtschaft ist eine, in der Technologien und Produkte viel schneller veralten als vor einigen Jahrzehnten. Es ist klar, dass wir in das Zeitalter des jungen Unternehmens eintreten. Das kleine Unternehmen wird daher zu einer Rolle zurückkehren, die in ihrer Bedeutung größer ist als sie es zu irgendeiner Zeit in den letzten siebzig Jahren war."

(Jovanovic 2001)

5 Methode zur Modellierung von Kommunikationsprozessen in KMU-Netzwerken

5.1 Vorgehensweise

Nachdem kooperationsrelevante Kommunikationsartefakte identifiziert[129] und UML als Basismodellierungsmethode ausgewählt[130] wurde, sind abschließend ausgewählte Kommunikationsartefakte in Modellierungselemente zu transformieren und in die Modellierungsmethode zu integrieren. Nachfolgend wird ein Überblick über die neu entwickelten Diagrammtypen gegeben sowie deren softwaretechnische Umsetzung skizziert.

5.2 Diagrammtypen

5.2.1 Überblick

Es wurden sechs Diagrammtypen entwickelt, die sich zur Modellierung von Kommunikationsprozessen in KMU-Netzwerken eignen. Sie decken verschiedene Aspekte von Kommunikation ab. Zentrales Modellierungsobjekt in fünf der sechs Diagrammtypen ist der Akteur. Tabelle 5.1 gibt einen Überblick über die Diagramm-typen und eine kurze Beschreibung ihres Darstellungsumfangs.

---

[129] Siehe Kapitel 3.
[130] Siehe Kapitel 4.

Name	Abkür-zung	Beschreibung
Rollendiagramm	RD	Stellt Rollen unter Festlegung damit verbundener Aktivitäten mit den dafür notwendigen Fähigkeiten/Fertigkeiten und Verantwortungen an den ausführenden Akteur grafisch dar.
Akteursdiagramm	AD	Dient der individuellen Beschreibung eines Akteurs in Bezug auf dessen charakteristische Merkmale sowie dessen formale und praktische Rolle(n).
Beziehungsdiagramm	BD	Liefert Aussagen zu den vorhandenen und angenommenen Bindungen zwischen den Akteuren einer Gruppe sowie ihrer sozialen Stellung innerhalb der Gruppe.
Kommunikations-diagramm	KD	Dient der Modellierung des Kommunikationsverhaltens der Mitglieder einer definierten Gruppe bzw. Organisation unter Angabe von Kommunikationskanal, -häufigkeit, -interesse und -zufriedenheit.
Gesprächsdiagramm[131]	GD	Stellt Konversationen zwischen Akteuren hinsichtlich Gesprächstyp und -inhalt sowie der Abfolge der Gesprächsbeiträge und der Wirkung der Äußerungen dar.
Verhaltensdiagramm[131]	VD	Visualisiert Zustandsänderungen der Akteure unter Angabe der auslösenden, zustandsverändernden Gesprächsbeiträge sowie der exakten zeitlichen Bedingungen.

Tabelle 5.1:   Diagrammtypen

Zur Verdeutlichung der verschiedenen Abstraktionsstufen und der gegenseitigen Abhängigkeiten der einzelnen Diagrammtypen dient die in Abbildung 5.1 dargestellte Diagrammhierarchie.

---

[131] Gesprächs- und Verhaltensdiagramm wurden nach Projektende (siehe Abschnitt 1.3) entwickelt und sind daher noch nicht im Prototyp (siehe Abschnitt 5.3) implementiert.

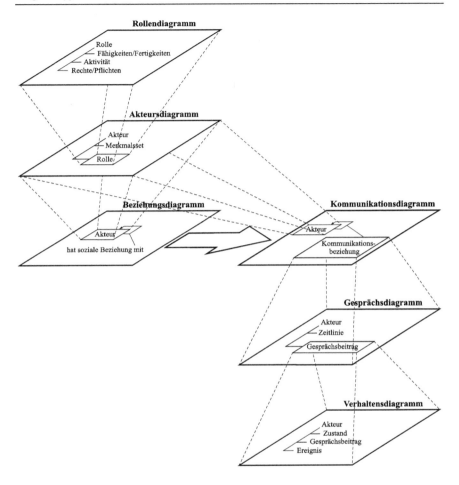

Abbildung 5.1:   Diagrammhierarchie

5.2.2   Rollendiagramm

Der Rollenbegriff ist sowohl in der Soziologie als auch in der Geschäftsprozess-modellierung von großer Bedeutung. Er ermöglicht die Entkopplung gruppenüber-greifender Eigenschaften von konkreten Akteuren. Der vorliegende Entwurf orientiert sich u.a. am ARIS-Rollenkonzept.

Im Rollendiagramm (siehe Abbildung 5.2) wird eine Rolle unter Festlegung notwendi-ger, auf eine oder mehrere Aufgaben projizierte *Aktivitäten* mit den dafür notwendigen *Fähigkeiten/Fertigkeiten*[132] und den damit verbundenen *Rechten/ Pflichten* des ausführenden *Akteurs* modelliert. Eine Rolle kann für mehrere Aktivitäten verantwortlich sein oder umgekehrt können auch mehrere Rollen nur einer Aktivität zugeordnet sein. Der Akteur, der eine Rolle einnimmt, wird als Rolleninhaber bezeichnet. Ein Rolleninhaber kann mehrere Rollen einnehmen. Eine Rolle kann aber auch von mehreren Rolleninhabern eingenommen werden.

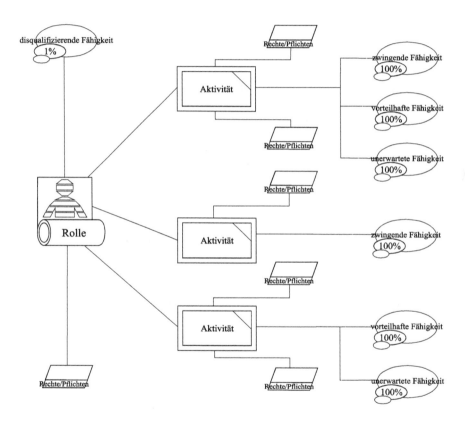

Abbildung 5.2:   Rollendiagramm

Die Rolle kann in eine *formale* und eine *praktische Rolle* unterschieden werden. Die formale Rolle definiert ein Handlungsprogramm für Standardsituationen innerhalb

---

[132] Auch Erfahrungen, Kenntnisse, Kompetenzen, Qualifikationen u.ä.

einer Organisation,[133] um einen möglichst reibungslosen Handlungsablauf durch
formale Steuerungselemente, wie beispielsweise institutionalisierte Rang- oder
Kompetenzordnungen, sicherzustellen. Das Handlungsprogramm beruht auf klar
definierten Vorschriften, d.h. auf rationalen Lösungsprozessen bereits antizipierter
Situationen. Im Kontext von Kommunikation und Koordination ist die Kenntnis über
die *formale Rolle* wesentlich, da sie neben anderen Einflussfaktoren entscheidend für
die Wahl der Kommunikations- und Koordinationsstrategie verantwortlich ist. Das
Handeln im Rahmen formaler Rollen kann das organisationale Geschehen nicht
vollständig beschreiben. Aus diesem Grund ist die Ausbildung praktischer Rollen ein
notwendiger Bestandteil jeder funktionstüchtigen Organisation. Zum einen gewährleisten sie die Koordination jenseits formaler Vorgaben und zum anderen vermeiden
sie wiederholte ineffiziente (Ver-)Handlungen in wiederkehrenden Situationen. Im
Gegensatz zur formalen Rolle, die sich aus zugewiesenen Positionen ableitet,
entstehen praktische Rollen aus der situativen Interaktion der Akteure. Dabei
manifestieren sie sich als typisierte Selbst- und Fremdwahrnehmungen, also als
Erwartungsstrukturen, die sich durch eine gewisse Enttäuschungsresistenz auszeich-
nen. Praktische Rollen können in Analogie zu POPITZ' „Konzept der Gruppenfiguren"
(POPITZ 1967) definiert werden. Für die Definition praktischer Rollen sind die
Modellierungselemente *praktische Rolle* und *Fähigkeiten/Fertigkeiten* ausreichend.
Zur detaillierten Beschreibung können analog zu den formalen Rollen die Elemente
Aktivität und *Rechte/Pflichten* verwendet werden. Praktische Rollen lassen sich mittels
psychologischer Bewertungskriterien, zu denen u.a. auch die *Big Five*[134] gehören,
abbilden.

Die Tabelle 5.2 enthält die Konventionen der zu diesem Diagramm gehörenden
Modellierungselemente *Rolle, Aktivität, Fähigkeiten/Fertigkeiten* und *Rechte/Pflichten*
sowie deren Beziehungen untereinander. Eine Aktivität lässt sich über die Attribute
Priorität und *Komplexität*, die in den Abstufungen hoch, mittel und gering gewählt
werden können, abbilden. Das Element *Fähigkeiten/Fertigkeiten* wird durch die
Attribute *Grad der Notwendigkeit* und *Ausprägungsgrad* beschrieben, um dessen
Bedeutung deutlich hervorzuheben.

---

[133] KMU-Netzwerke sind in diesem Sinne auch Organisationen.
[134] Auch als Fünf-Faktoren-Modell (FFM) bezeichnet. Modell der Psychologie, welches die fünf
Hauptdimensionen der Persönlichkeit (Emotionalität, Extraversion, Offenheit, Verträglichkeit und
Gewissenhaftigkeit) postuliert (ALLPORT/ODBERT 1936).

Objekt		Attribut		Ausprägung	
Name	**Symbol**	**Name**	**Symbol**	**Bezeichnung**	**Darstellung**[135]
		Name	Rolle	Rollenname	Text
Rolle	Rolle	Rollentyp	F	formale Rolle	Akteurssymbol mit einem „F" in der rechten oberen Ecke
			P	praktische Rolle	Akteurssymbol mit einem „P" in der rechten oberen Ecke
Aktivität	Aktivität	Name	Aktivität	Aktivitätsbezeichnung	Text
		Komplexität		nicht definiert	weißer Rahmen
				hoch	roter Rahmen
				mittel	gelber Rahmen
				gering	grüner Rahmen
		Priorität		nicht definiert	weißes Dreieck
				hoch	rotes Dreieck
				mittel	gelbes Dreieck
				gering	grünes Dreieck
Fähigkeiten/ Fertigkeiten	Fähigkeit/Fertigkeit 100%	Name	Fähigkeit/Fertigkeit	Bezeichnung der Fähigkeit oder Fertigkeit	Text
		Ausprägungsgrad	100%	0 bis 100%	Prozentwert
		Grad der Notwendigkeit		nicht definiert	weiße Wolke
				disqualifizierende Fähigkeit	rote Wolke
				vorteilhafte Fähigkeit	gelbe Wolke
				zwingende Fähigkeit	grüne Wolke
Rechte/ Pflichten	Rechte/Pflichten	Name	Rechte/Pflichten	Bezeichnung der Rechte/Pflichten	Text

[135] Die Farbangaben beziehen sich auf die in Abschnitt 5.3 beschriebene prototypische Umsetzung.

Objekt		Attribut		Ausprägung	
Name	**Symbol**	**Name**	**Symbol**	**Bezeichnung**	**Darstellung**
				führt aus	Text: führt aus
				wirkt mit	Text: wirkt mit
Rolle-Aktivität-Beziehung	Text			ist verantwortlich	Text: ist verantwortlich
				entscheidet über	Text: entscheidet über
				muss informiert werden über	Text: muss informiert werden über
Rolle-Fähigkeiten/Fertigkeiten-Beziehung	– – – – – –			benötigt	gestrichelte Linie
				verfügt über	durchgezogene Linie
Rolle-Rechte/Pflichten-Beziehung	= = = = = =			benötigt	gestrichelte Linie
				verfügt über	durchgezogene Linie
Aktivität-Fähigkeiten/Fertigkeiten-Beziehung	– – – – – –			benötigt	gestrichelte Linie
				verfügt über	durchgezogene Linie
Aktivität-Rechte/Pflichten-Beziehung	– – – – – –			benötigt	gestrichelte Linie
				verfügt über	durchgezogene Linie

Tabelle 5.2:   Konventionen des Rollendiagramms

5.2.3   Akteursdiagramm

Der Akteursbegriff ist sowohl in der Soziologie als auch in der Geschäftsprozess-modellierung[136] von großer Wichtigkeit. Der Begriff wird abstrakt benutzt und steht für den Urheber einer Handlung. Im soziologischen Kontext kann damit eine

---

[136] Insbesondere im Rahmen der Unified Modeling Language.

Einzelperson oder ein Staat oder Konzern gemeint sein, im UML-Kontext eine Person oder ein Softwaresystem.

Das Akteursdiagramm (siehe Abbildung 5.3) dient der individuellen Beschreibung von Personen.[137] Es kann als eine Art ausführliche Visitenkarte eines Akteurs angesehen werden. Das Diagramm erfüllt damit die Forderung, detaillierte Informationen über die einzelnen Kommunikationspartner bereitzustellen. Mittels dieser Informationen kann eine gezielte Auswahl von geeigneten Interaktionspartnern sowohl aus fachlicher Sicht als auch aus der Perspektive des sozialen Verhaltens erfolgen. Gleichzeitig wird nach SCHULZ VON THUN (siehe Abschnitt 3.2.6) bzw. WATZLAWICK (siehe Abschnitt 3.2.4) die Chance einer verbesserten Verständigung zwischen den Kommunikationspartnern – durch Minimierung des Informationsdeltas – erhöht.

Die Beschreibung eines Akteurs erfolgt durch die Zuordnung formaler und praktischer Rollen sowie sogenannter *Eigenschaftssets*, in denen gruppierte Beschreibungs-merkmale enthalten sind. Vorstellbar sind u.a. ein *biologisches*, ein *gesellschaftliches*, ein *physisches*, ein *psychisches* und ein *Persönlichkeitsset*. Während das biologische Set die Merkmale Alter, Geschlecht, Größe usw. enthalten kann, ist es möglich, aus dem gesellschaftlichen Set beispielsweise Name, Vorname, Familienstand und Beruf zu ersehen. Das Persönlichkeitsset bündelt die Persönlichkeitsmerkmale eines Akteurs. Dies können Kenntnisse, Wissen, Fähigkeiten, Fertigkeiten, Qualifikationen, Bildungsgrad und Interessen sein. Im physischen und im psychischen Set können physische und psychische Leistungsmerkmale erfasst werden, die zum Beispiel in speziellen Leistungstests nachzuweisen sind. Aufgrund der Vielzahl an möglichen Tests werden in diesen beiden Sets lediglich die allgemeinen Beschreibungsmerkmale Leistungsart, Leistungsdauer, Leistungsumfang, Leistungsqualität und Testbedingun-gen definiert. Die gegenwärtig im Akteursdiagramm enthaltenen Sets stellen beispielhafte Beschreibungscontainer dar. Zur vollständigen Beschreibung des Akteurs können den Eigenschaftssets entsprechende Fotos oder Videosequenzen hinterlegt werden. Bei Bedarf können sowohl weitere Sets als auch einzelne Beschreibungs-merkmale in den vorhandenen Sets ergänzt werden.

---

[137] Kommunikative Akteure.

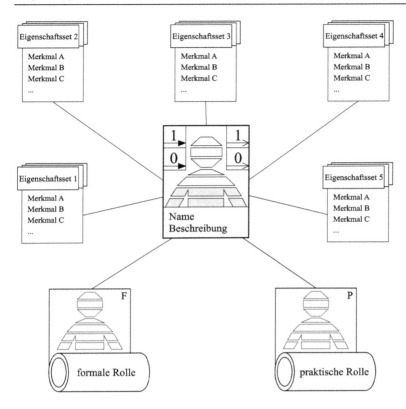

Abbildung 5.3:   Akteursdiagramm

Mittels der formalen Rolle werden, wie in Abschnitt 5.2.2 erläutert, die Rechte/ Pflichten, Kompetenzen und Aktivitäten eines Akteurs erfasst. Die praktische Rolle, die der Beschreibung von Gruppenfiguren oder Sozialtypen dient, ermöglicht es, die Akteure in Bezug auf deren sozialen Umgang mit ihren Interaktionspartnern zu charakterisieren. Detaillierte Informationen über die Rolle eines Akteurs können durch Verlinkung mit dem entsprechenden Rollendiagramm dargestellt werden. Die detaillierten Konventionen zu den im Akteursdiagramm verwendeten Modellierungselementen können der Tabelle 5.3 entnommen werden.

Objekt		Attribut		Ausprägung	
Name	Symbol	Name	Symbol	Bezeichnung	Darstellung[138]
		Name		Akteursname	Text
		Beschreibung	Name Beschreibung	formale und praktische Rolle	Text
		soziale Kompetenz qualitativ		nicht definiert	weiße Segmente
				positiv	grüne Segmente
				neutral	graue Segmente
				negativ	rote Segmente
		soziale Kompetenz quantitativ		nicht definiert	alle Segmente weiß
				0	alle Segmente grau
				1 bis 7	1 bis 7 Segmente grün bzw. rot
Akteur		positive Bewertungen von anderen		0 und größer	Zahl über grünem Pfeil mit geschlossener Spitze (Feld links oben)
		negative Bewertungen von anderen		0 und größer	Zahl über rotem Pfeil mit geschlossener Spitze (Feld links unten)
		positive Bewertungen an andere		0 und größer	Zahl über grünem Pfeil mit offener Spitze (Feld rechts oben)
		negative Bewertungen an andere		0 und größer	Zahl über rotem Pfeil mit offener Spitze (Feld rechts unten)

---

[138] Die Farbangaben beziehen sich auf die in Abschnitt 5.3 beschriebene prototypische Umsetzung.

Objekt		Attribut		Ausprägung	
Name	**Symbol**	**Name**	**Symbol**	**Bezeichnung**	**Darstellung**
Rolle	Rolle	Name	Rolle	Rollenname	Text
		Rollentyp	F	formale Rolle	Akteurssymbol mit einem „F" in der rechten oberen Ecke
			P	praktische Rolle	Akteurssymbol mit einem „P" in der rechten oberen Ecke
Eigenschaftsset	Eigenschaftsset 1 / Merkmal A / Merkmal B / Merkmal C / ...	Name	Eigenschaftsset 1	Bezeichnung des Eigenschaftssets	Text
		Merkmal/ Ausprägung	Merkmal A / Merkmal B / Merkmal C / ...	Name des Merkmals und dessen Ausprägung	Text
Akteur-Rolle-Beziehung	————			Akteur hat Rolle	durchgezogene Linie
Akteur-Eigenschaftsset-Beziehung	————			Akteur verfügt über Eigen-schaftsset	durchgezogene Linie

Tabelle 5.3: Konventionen des Akteursdiagramms

5.2.4 Beziehungsdiagramm

Jeder systemtheoretische Ansatz basiert auf Strukturen, die Elemente und Beziehungen aufweisen. Daher ist der Beziehungsbegriff von fundamentaler Bedeutung.

Im neu entwickelten Beziehungsdiagramm werden die soziale Stellung sowie die vorhandenen und erwarteten Bindungen zwischen den Akteuren innerhalb einer definierten Gruppe abgebildet. Weiterhin lassen sich wahlweise die positiven, die negativen oder alle Beziehungen der Gruppenmitglieder zueinander darstellen. Die Elemente des Diagramms sind *Akteur*[139] bzw. *Gruppe* und *soziale Beziehung*. Sie werden als UML-Stereotypen von *Akteur* und *Assoziation* modelliert und um kontextspezifische Attribute erweitert. Für das Modellierungselement *Akteur* sind dies die kontextspezifischen Attribute *formale Rolle*, *praktische Rolle* sowie *soziale*

---

[139] Mit Akteur ist hier eine Einzelperson gemeint.

Stellung in der Gruppe. Das Element *soziale Beziehung* verfügt über die Attribute *Beziehungstyp, Beziehungscharakter, Beziehungszweck, vorhandene und erwartete Beziehungsqualität* sowie *vorhandene und erwartete Beziehungsintensität.*

Bei dem in Abbildung 5.4 dargestellten Beziehungsdiagramm handelt es sich um eine Sonderform, dem *akteurszentrierten* Beziehungsdiagramm. Es verfügt über die gleichen Modellierungselemente wie die Normalform. Einziger Unterschied ist, dass ein Akteur im Zentrum steht und nur die Akteure und Beziehungen dargestellt werden, die Relevanz für diesen Akteur besitzen. Akteure, die keine Beziehung zum Akteur im Zentrum aufweisen sowie Beziehungen der anderen Akteure untereinander werden ausgeblendet.

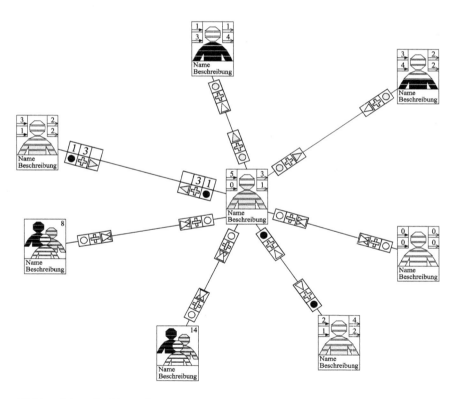

Abbildung 5.4:   Beziehungsdiagramm

Unter Kenntnis der Konventionen der Elemente *Akteur* und *Beziehung* kann aus Abbildung 5.4 direkt abgelesen werden, dass der zentrale Akteur ausschließlich positive und – bis auf eine Ausnahme – informale Beziehungen zu den anderen Akteuren unterhält. Es ist ebenfalls zu erkennen, dass die soziale Stellung des zentralen Akteurs in der Gruppe höher eingeschätzt wird als die soziale Stellung der peripher abgebildeten Gruppenmitglieder.[140] Die detaillierten Konventionen zum Modellierungselement *Akteur* und *Beziehung* können der Tabelle 5.4 entnommen werden.

Objekt		Attribut		Ausprägung	
Name	**Symbol**	**Name**	**Symbol**	**Bezeichnung**	**Darstellung**[141]
Akteur[142]					
Gruppe		Name		Gruppenname	Text
		Beschreibung		formale und praktische Rolle	Text
		Mitgliederzahl		0 oder größer	Zahl in der rechten oberen Ecke
soziale Beziehung		Beziehungs-zweck		private Beziehung	gestrichelte Linie
				geschäftliche Beziehung	durchgezogene Linie
		vorhandene Beziehungs-qualität		nicht definiert	weißer Punkt
				positiv	grüner Punkt
				negativ	roter Punkt
		vorhandene Beziehungs-intensität[143]		0 oder größer	Zahl über dem Punkt
		erwartete Beziehungs-qualität		nicht definiert	weißes Plus/ Minus
				positiv	grünes Plus
				negativ	rotes Minus

---

[140] Ampelprinzip: Grün signalisiert eine gut funktionierende, rot eine problembehaftete Beziehung.

[141] Die Farbangaben beziehen sich auf die in Abschnitt 5.3 beschriebene prototypische Umsetzung.

[142] Siehe Tabelle 5.3.

[143] Skala ist frei wählbar, natürliche Zahlen werden empfohlen.

Objekt		Attribut		Ausprägung	
Name	Symbol	Name	Symbol	Bezeichnung	Darstellung
soziale Beziehung		erwartete Beziehungs-intensität[144]	☐3☐	0 oder größer	Zahl über dem Plus/Minus
		Beziehungs-typ	▷	nicht definiert	weißes Dreieck
				formal	gelbes Dreieck
				informal	grünes Dreieck
		Beziehungs-charakter	▷◁▣	nicht definiert	zwei Dreiecke mit gegen-läufigen Spitzen
				freiwillig	Spitze des Dreiecks ist auf anderen Akteur gerichtet
				unfreiwillig[145]	Spitze des Dreiecks ist auf das eigene Akteurssymbol gerichtet

Tabelle 5.4:   Konventionen des Beziehungsdiagramms

5.2.5   Kommunikationsdiagramm

Die Modellierung der eigentlichen Kommunikationsprozesse ist von zentraler Bedeutung für die zu entwickelnde Methode. Daher wird im Kommunikations-diagramm das allgemeine Kommunikationsverhalten der Mitglieder einer definierten Gruppe bzw. Organisation dargestellt. Das Diagramm enthält die Elemente *Akteur* bzw. *Gruppe* und *Kommunikationsbeziehung*. Das Modellierungselement *Akteur* behält in diesem Diagramm seine im Beziehungsdiagramm erworbenen Eigenschafts-ausprägungen, die wahlweise ein- oder ausgeblendet werden können, bei. Dies soll ermöglichen, dass bei Bedarf das Kommunikationsverhalten der Akteure[146] in Abhängigkeit ihrer sozialen Stellung in der Gruppe/Organisation darstellbar ist. Das

---

[144] Skala ist frei wählbar, natürliche Zahlen werden empfohlen.
[145] Durch (Unternehmens-)Hierarchien vorgegebene Beziehungen werden als unfreiwillig bezeichnet.
[146] Auch als „kommunikative Fitness" bezeichnet.

Modellierungselement *Kommunikationsbeziehung* kann – im Gegensatz zu einfachen, in Kommunigrammen[147] verwendeten Assoziationen, die lediglich grobe quantitative Angaben zulassen – detaillierte quantitative und qualitative Eigenschaften der interessierenden Kommunikationsprozesse darstellen. So können sowohl die Häufigkeit der Kommunikation und die Zufriedenheit (mit dieser Häufigkeit) als auch das Interesse an der Kommunikation und der Kommunikationserfolg explizit abgebildet werden. Zusätzlich ist die Darstellung des Kommunikationskanals sowie inhaltlicher Aspekte der Kommunikation möglich (siehe Abbildung 5.5).

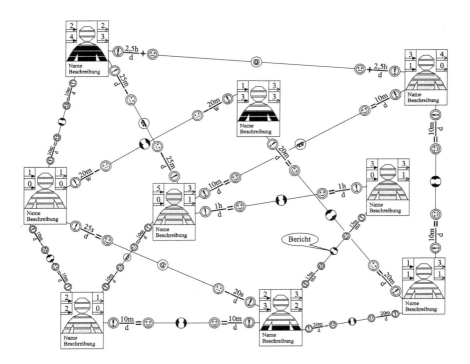

Abbildung 5.5:   Kommunikationsdiagramm

Auch für das Kommunikationsdiagramm wurde eine akteurszentrierte Variante vorgesehen. Es verfügt über die gleichen Modellierungselemente wie die Standardvariante. Der Unterschied zwischen beiden besteht darin, dass in der

---

[147] Schematische Darstellung der Kommunikationswege innerhalb eines Unternehmens.

akteurszentrierten Variante das Kommunikationsverhalten eines ausgewählten Akteurs gegenüber den übrigen Mitgliedern der Gruppe dargestellt wird. Es lassen sich neben der sozialen Stellung der beteiligten Akteure die Eigenschaften *Kommunikationserfolg* und *Kommunikationsinteresse* abbilden. Ebenfalls ist die Zeit, die die Akteure mit der Kommunikation verbringen, qualitativ und quantitativ darstellbar. Die Angaben zum *Kommunikationskanal* können verwendet werden, um Kanalwahltheorien im Kontext computervermittelter Kommunikation einsetzen zu können. Tabelle 5.5 enthält die Konventionen aller für dieses Diagramm entwickelten Modellierungselemente.

Objekt		Attribut		Ausprägung	
Name	**Symbol**	**Name**	**Symbol**	**Bezeichnung**	**Darstellung**[148]
Akteur[149]					
Gruppe[150]					
Kommu-nikations-beziehung	—①$\frac{10m}{d}$=☺—	Kommu-nikations-kontakttyp	⋯⋯ =====	sporadisch	gepunktete Linie
				periodisch	gestrichelte Linie
				permanent	durchgezogene Linie
		Kommu-nikations-interesse	①	nicht definiert	weißes Ikon
				hoch	grünes Ikon
				mäßig	gelbes Ikon
				kein	rotes Ikon
		Kommunika-tionsdauer	10	0 oder größer	Zahl
		Einheit der Kommunika-tionsdauer	s m h d w mo a	Sekunde	s
				Minute	m
				Stunde	h
				Tag	d
				Woche	w
				Monat	mo
				Jahr	a

---

[148] Die Farbangaben beziehen sich auf die in Abschnitt 5.3 beschriebene prototypische Umsetzung.
[149] Siehe Tabelle 5.3.
[150] Siehe Tabelle 5.4.

Objekt		Attribut		Ausprägung	
Name	Symbol	Name	Symbol	Bezeichnung	Darstellung[151]
		Bezugsdauer[152]	s m h d w mo a	eine Sekunde	s
				eine Minute	m
				eine Stunde	h
				ein Tag	d
				eine Woche	w
				ein Monat	mo
				ein Jahr	a
Kommu- nikations- beziehung		Zufriedenheit mit der Kommunika-tionsdauer	÷ = + −	nicht definiert	weißes Plus/Minus
		Kommu-nikations-erfolg	☺ ☺ ☹	adäquat	grünes Gleichheits-zeichen
				zu viel	rotes Plus
				zu wenig	rotes Minus
				nicht definiert	weißer Smiley
				erfolgreich	grüner Smiley
				teilweise erfolgreich	gelber Smiley
				nicht erfolgreich	roter Smiley
		Kommu-nikations-kanal	☺ ☎ @ ✉ ▢	persönliches Gespräch	
				Telefon	
				E-Mail	
				Fax	
				Brief	
				Videokonferenz	
		Gesprächs-inhalt	(Bericht)		Text in Sprechblase

Tabelle 5.5:   Konventionen des Kommunikationsdiagramms

---

[151] Die Farbangaben beziehen sich auf die in Abschnitt 5.3 beschriebene prototypische Umsetzung.
[152] Bei einer Kommunikationsdauer von beispielsweise 20 Minuten pro Tag beträgt die Bezugsdauer einen Tag (d).

5.2.6   Gesprächsdiagramm

Zur vertiefenden Analyse der Kommunikationsqualität ist es notwendig, sich auf Gesprächsebene zu begeben. Mit Hilfe des Gesprächsdiagramms wird es möglich, die Konversation zwischen Akteuren hinsichtlich ihres Inhalts und zeitlichen Verlaufs darzustellen und somit die Effizienz von Kommunikationsprozessen zu untersuchen sowie konstruktive und destruktive Kommunikationsstrategien zu identifizieren. Abbildung 5.6 zeigt die grafische Darstellung.

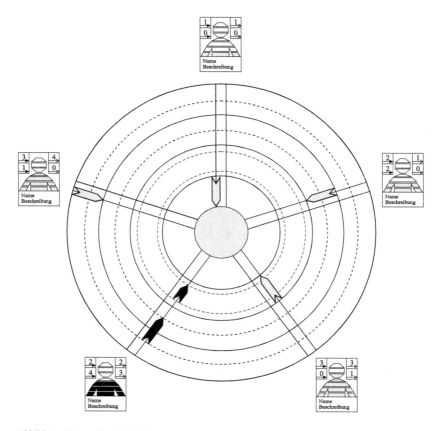

Abbildung 5.6:   Gesprächsdiagramm

Das Gesprächsdiagramm enthält die Modellierungselemente *Akteur* und *Gesprächs-beitrag.*[153] Die von den Akteuren in die Mitte gerichteten Pfeile symbolisieren Gesprächsbeiträge, die in die Diskussion „eingeworfen" werden. Die konzentrischen Kreise stellen *Zeitlinien* dar, anhand derer Anomalitäten im Gesprächsverlauf (z.B. Häufigkeit des Sprecherwechsels, Monolog etc.) erkannt werden können. Das Zentrum des Diagramms bildet der *Nukleus.*[154]

5.2.7 Verhaltensdiagramm

Das Verhaltensdiagramm visualisiert Zustandsänderungen der Gesprächspartner (Akteure) unter Angabe der auslösenden, zustandsverändernden Gesprächsbeiträge sowie der exakten zeitlichen Bedingungen (siehe Abbildung 5.7).

---

[153] Auch: turn, Gesprächsschritt oder Redebeitrag. Grundeinheit des Gesprächs. Kommunikative Handlung, die mit sprachlichen und nichtsprachlichen Mitteln vollzogen wird (BRINKER/SAGER 1989, 64).

[154] Kern des Gesprächs (Thema).

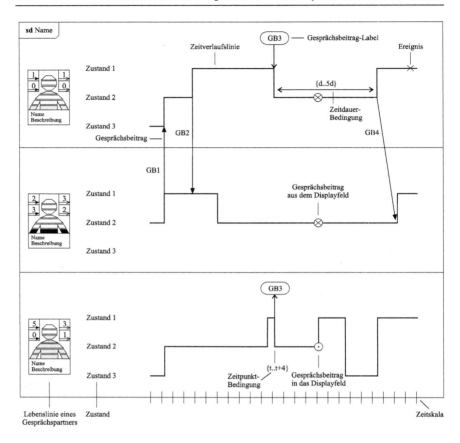

Abbildung 5.7:   Verhaltensdiagramm

Tabelle 5.6 gibt einen Überblick über die im Verhaltensdiagramm enthaltenen Modellierungselemente und deren Entsprechungen im UML 2.1 Timingdiagramm. Die grafischen Repräsentationen sind bereits in Abbildung 5.7 dargestellt.

Die Aufnahme der Zustandsveränderungen kann mittels Selbstaufschreibung (S) oder Beobachtung (B) erfolgen. Mögliche Zustände und deren Ausprägungen sind:

- Kommunikationsstatus (B):   sprechen – hören

- Involviertheit (S):   interessiert – uninteressiert

- Meinungskonformität (S):   zustimmen – neutral – ablehnen

Verhaltens-diagramm	UML 2.1 Timing-diagramm	Beschreibung
Ereignis	Ereignis	Ein Ereignis ist die Spezifikation eines wichtigen Vorkommnisses, das zu einem bestimmten Zeitpunkt im Gespräch eintritt. Der Zeitpunkt des Eintretens des Ereignisses ist nicht vorher bestimmbar.
Gesprächs-beitrag	Nachricht (asynchron)	Ein Gesprächsbeitrag ist die Grundeinheit eines Gesprächs. Er repräsentiert den gerichteten Kommunikationsfluss zwischen Gesprächspartnern. Ein *Gesprächsbeitrag in das Displayfeld* bedeutet, dass kein direkter Gesprächspartner angesprochen wird, sondern vielmehr in die Runde gesprochen wird. Der *Gesprächsbeitrag aus dem Displayfeld* ist ein in der Gesprächsrunde wahrgenommener Gesprächsbeitrag, der nicht an den einzelnen wahrnehmenden Gesprächspartner gerichtet ist, jedoch von ihm aufgenommen wird.
Gesprächs-beitrag-Label	Nachrichten-Label	Das Gesprächsbeitrag-Label dient als Sprungmarke. Die Sprungmarke ermöglicht das zeichnerische Überbrücken von Gesprächsbeiträgen über größere Distanzen im Diagramm.
Lebenslinie/ Zeitskala	Lebenslinie eines Objekts/ Zeitskala	Die Lebenslinie repräsentiert einen Gesprächspartner (Akteur) in einem Gespräch. Diese Lebenslinien werden horizontal dargestellt. Diese Zeitachse kann zusätzlich mit einer Zeitskala versehen werden. Eine Zeitskala dient zur der exakten Beschreibung der Zeitpunkte des Gesprächsbeitragsaustauschs im Gespräch.
Rahmen	Rahmen oder Frame	Der Rahmen umschließt das Diagramm. In der linken oberen Ecke befindet sich ein Fünfeck, welches den Namen des Gesprächs, auf das sich das Verhaltensdiagramm bezieht, und weitere diagrammspezifische Informationen enthält.
Zeitverlaufs-linie	Zeitverlaufs-linie	Die Zeitverlaufslinie[155] zeigt die Veränderungen der Zustände einer Lebenslinie in Abhängigkeit von der Zeit oder speziellen Ereignissen.[156] Auf der Zeitverlaufslinie können entsprechende zeitliche Eintrittsbedingungen durch Zeitpunkt- und Zeitdauerbedingungen angegeben werden.
Zustand	Zustand	Der Zustand beschreibt eine gesprächsrelevante Bedingung oder Situation eines Gesprächspartners, während er einer Bedingung genügt, eine Aktivität ausführt oder auf ein Ereignis wartet. Mögliche, zu analysierende Zustände der Gesprächspartner können sein: Kommunikationsstatus, Involviertheit und Meinungskonformität.

Tabelle 5.6:   Konventionen des Verhaltensdiagramms

---

[155] Engl. State/Condition Timeline.
[156] Wie z.B. dem Empfang eines Gesprächsbeitrags.

5.3   Prototypische Umsetzung

5.3.1   Architektur

Die prototypische Umsetzung der Modellierungsmethode erfolgte projektbegleitend durch die SIGMA Chemnitz GmbH. Nachdem der ursprüngliche Plan, eine markt-gängige Modellierungssoftware mittels Add-Ons o.ä. zu erweitern und so den Aufwand bei der Softwareerstellung gering zu halten, verworfen werden musste, fiel die Entscheidung zugunsten einer vollständigen Eigenentwicklung des Modellierungs-tools (BAUM ET AL. 2006).

Um das verteilte Modellieren zu ermöglichen, fiel die Wahl auf eine 3-Tier-Architek-tur mit einer Datenbank, einem Anwendungsserver und einer beliebigen Anzahl an Clients. Folgende Softwareprodukte wurden anfangs als Basiskomponenten für die Realisierung der drei Schichten ausgewählt (ME2KO 2007):

- Datenbank: Firebird oder MySQL

- Anwendungsserver: JBoss Application Server 4 mit EJB 3.0

- Client: Eclipse Rich Client Plattform mit
                       Graphical Editing Framework (GEF)

Im späteren Verlauf wurde aus Geschwindigkeitsgründen statt einer relationalen Datenbank (Firebird, MySQL) eine Objektdatenbank (ObjectDB) zur Speicherung der Daten gewählt.

5.3.2   Meta-Meta-Modell

Die Me2Ko-Software ist ein Tool zur domänspezifischen Modellierung.[157] Darüber hinaus besitzt sie die Fähigkeit, Meta-Modelle, wie beispielsweise das von Me2Ko,[158] mittels einer Reihe von Editoren zu implementieren und diese in Modellen anzuwen-den.[159] Um die Me2Ko-Methode[160] beliebig erweitern und erforderlichenfalls andere

---

[157] Domain Specific Modelling (DSM).

[158] Darunter sind die sechs Diagrammtypen in Abschnitt 5.2 zu verstehen.

[159] D.h. die Software beherrscht sowohl Meta-Modellierung als auch Modellierung in einem Tool. Das Meta-Meta-Modell ist so generisch angelegt, dass damit prinzipiell die Implementierung jeder beliebigen Modellierungssprache möglich ist.

[160] Und damit das Meta-Modell der Me2Ko-Methode.

Modellierungsmethoden[161] implementieren zu können, ohne den Programmcode ändern zu müssen, wurde ein Meta-Meta-Modell entworfen (siehe Abbildung 5.8).

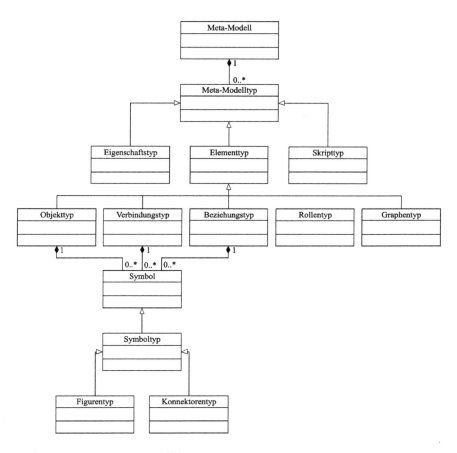

Abbildung 5.8:   Meta-Meta-Modell des Prototyps

---

[161] Und damit beliebige andere Meta-Modelle.

Damit war es möglich, unabhängig vom Entwicklungsstand der Modellierungs-methode, die Prototypenentwicklung voranzutreiben. Abbildung 5.9 zeigt die Oberfläche des Prototyps in der Designer-Perspektive.[162]

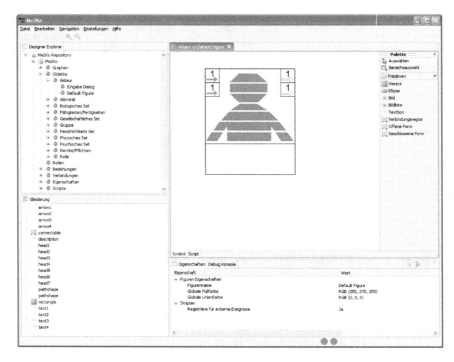

Abbildung 5.9:   Benutzeroberfläche des Prototyps

---

[162] Die Designer-Perspektive ermöglicht die Erstellung und Modifizierung von Metamodellen. In der Modellierer-Perspektive erfolgt die eigentliche Modellierung von Kommunikationsprozessen.

„Es dürfte uns gut tun, uns manchmal daran zu erinnern, dass wir zwar in dem Wenigen, das wir wissen, sehr verschieden sein mögen, dass wir aber in unserer grenzenlosen Unwissenheit alle gleich sind."

(Popper 1962)

6 Fazit

6.1 Kritische Würdigung der Ergebnisse

Zielsetzung dieser Arbeit war es, Grundlagen und Ansätze zur Modellierung von Kommunikationsprozessen in KMU-Netzwerken zu untersuchen. Hierzu sollten die Methoden der Geschäftsprozessmodellierung so erweitert werden, dass damit menschliche Kommunikationsprozesse in KMU-Netzwerken – die ihrer Natur nach schwach strukturiert und somit schwer formalisierbar sind – modelliert werden können. Ausgehend von der wissenschaftlichen Fragestellung[163] gelang folgender Nachweis:

1. Es ist grundsätzlich möglich, menschliche Kommunikationsprozesse innerhalb von KMU-Netzwerken zu modellieren und damit einer Analyse bzw. Optimierung zugänglich zu machen.

2. Es wurde eine Vielzahl von kooperationsrelevanten und modellierbaren Kommunikationsartefakten identifiziert.[164]

3. Es wurden Anforderungen an eine Modellierungsmethode, die geeignet ist, intrakooperative Kommunikation effizient und verständlich darzustellen, definiert und darauf aufbauend eine Basismodellierungsmethode ausgewählt.[165]

4. Es wurden neue Beschreibungskonstrukte bzw. Modellierungselemente entwickelt und damit die gewählte Basismodellierungsmethode erweitert.[166]

---

[163] Siehe Abschnitt 1.4.
[164] Siehe Kapitel 3.
[165] Siehe Kapitel 4.
[166] Siehe Kapitel 5.

Das dieser Arbeit zugrundeliegende Projekt[167] konnte auf Einladung des BMBF[168] auf der CeBIT 2007 präsentiert werden (BMBF 2007). Unter Nutzung der damit verbundenen hohen Publikumswirksamkeit konnte das Interesse folgender potenzieller Anwendergruppen geweckt werden:

1. ManagerInnen von KMU-Netzwerken,

2. internationale Großunternehmen,

3. deutsche Behörden,

4. mittelständische Unternehmen mit intensivem Projektgeschäft,

5. Forschungseinrichtungen.

Die Anwendergruppe 1 bestätigte den gewählten Ansatz zur Unterstützung des *Netzwerkmanagements*. Die Anwendergruppen 2, 3 und 4 sahen Einsatzmöglichkeiten im *Personalmanagement*,[169] insbesondere bei der Zusammenstellung bzw. Bewertung von Projektteams. Anwendergruppe 5 erweiterte das potenzielle Einsatzgebiet der entwickelten Methode auf das *eLearning* und die *Gestaltung soziotechnischer Informationssysteme*.

6.2 Zukünftige Forschungsfelder

Für die zukünftige Weiterentwicklung hat sich eine Anzahl von Aspekten heraus-kristallisiert, die folgenden Forschungsfeldern zugeordnet werden kann:

Strategische Ausrichtung

Die für das Management von KMU-Netzwerken entwickelte Modellierungsmethode kann auf weitere Anwendungsgebiete – z.B. *Personalmanagement*[170] oder *eLearning* – überführt werden. Weitere Einsatzgebiete könnten sich im Bereich des *Reality Mining* (EAGLE ET AL. 2008) oder des *Dynamic Network Visualization (DNV)*[171] ergeben.

---

[167] Siehe Abschnitt 1.3.
[168] Referat 524: Softwaresysteme.
[169] Human Resource Management (HRM).
[170] Die Firma der Zukunft heißt „Projektteam" (VDI 2008).
[171] Insbesondere im sozialen Kontext.

Funktionale Erweiterung

Funktionale Erweiterungen können zwei Ziele verfolgen: (1) Die Erhöhung des Nutzens in der bisherigen Domäne. (2) Die Ausdehnung des Nutzens auf andere Domänen.

Folgende *methodenseitige* Erweiterungen erscheinen aus jetziger Sicht tragfähig:

- Erweiterung des Me2Ko-Sprachumfangs um linguistische und semiotische Aspekte,[172]
- Erweiterung des Me2Ko-Sprachumfangs um neue Diagrammtypen,[173]
- Harmonisierung der Diagrammstruktur,[174]
- Erarbeitung von Datenerhebungs- und Analysetechniken,[175]
- Analyse und Implementierung verschiedener Dimensionen von Vagheit.[176]

Darüber hinaus sind folgende *werkzeugseitigen* Erweiterungen sinnvoll und möglich:

- Entwicklung und Implementierung alternativer Darstellungsformen,[177]
- Implementierung von Beziehungsbrowser[178] und Layout-Assistenten,[179]
- Integration von Filterfunktionalitäten,[180]
- Entwurf und Implementierung von Fragebogen-Editor, Report-Generator und Script-Assistenten,[181]
- Implementierung von Historien,[182]
- Einpflegen neuer Sprachelemente und Diagrammtypen, ggf. Erweiterung des Meta-Meta-Modells,
- Sicherstellung der Skalierbarkeit.

---

[172] Ggf. auch andere Aspekte, je nach Domäne.
[173] Beispielsweise Kommunikationsanalyse- und Transkriptdiagramm.
[174] Konsistenz innerhalb der Diagrammstruktur, Konformität zu UML.
[175] Neben einem Leitfaden zum Umgang mit der entwickelten Methode eine wichtige Voraussetzung für die Evaluierung und den Feldeinsatz.
[176] Beispielsweise Ungewissheit, Unschärfe etc.
[177] Insbesondere bei der Modellierung einer zwei- und mehrstelligen Anzahl von Akteuren (Übersichtlichkeit der Darstellung).
[178] Dient dem schnelleren Auffinden von Objekten.
[179] Zum automatischen Layouten von Diagrammen.
[180] Zur Erhöhung der Übersichtlichkeit und weiterer Usability-Optimierung.
[181] Zur Unterstützung der Datenerhebungs- und Analysetechniken.
[182] Um Veränderungen im Kommunikationsverhalten der Akteure über die Zeit verfolgen zu können.

Interpretation und Optimierungsansätze

Die entwickelte Methode deckt ausschließlich die *Modellierung* menschlicher Kommunikationsprozesse ab. Um das Potenzial dieser Modellierung nutzen zu können, ist die Entwicklung von Optimierungsansätzen[183] sinnvoll. Die bisherige Darstellungsfunktion der Diagramme ist durch eine Interpretation im Sinne einer Bewertung der sozialen Beziehungen zwischen den Akteuren zu ergänzen. Dabei könnten typische Verhaltensmuster in sozialen Netzwerken, wie das Verweigerungsprinzip[184] oder das dyadische Prinzip,[185] thematisiert werden.

Praxistransfer

Die entwickelte Methode und das entsprechende Werkzeug sind im praktischen Einsatz zu evaluieren. Die Möglichkeit zur Erschließung neuer Anwendungsfelder und die Erhöhung der Gebrauchstauglichkeit[186] sind weitere Gründe für einen anzustrebenden Praxistransfer.

Das Interesse von Wissenschaft und Praxis am Themengebiet der KMU-Netzwerke wird aufgrund der fortschreitenden Globalisierung und der damit verbundenen wirtschaftlichen Veränderungen auch zukünftig beträchtlich sein. Aufgrund der zunehmenden Bedeutung von sozialen und kommunikativen Aspekten im Bereich der KMU-Netzwerke und in anderen Bereichen ist mit einem erheblichen Potenzial für die Weiterentwicklung des vorgestellten methodischen Ansatzes zu rechnen.

---

[183] In Analogie zur Geschäftsprozessmodellierung – Geschäftsprozessoptimierung, siehe Phasenmodell (Abschnitt 2.3.3, Fußnote 55).

[184] Trotz der Notwendigkeit von Kommunikation wird der Informationsaustausch verweigert.

[185] Informationsaustausch nur mit unmittelbaren Lieferanten bzw. Kunden, Ausschluss von Dritten.

[186] Softwareergonomie/Usability.

Literaturverzeichnis

Acs/Audretsch 1991

Acs, Zoltan J. & Audretsch, David B. (1991). *Innovation and small firms.* 2nd print. Cambridge, MA: MIT Press

Adler/Rodman 2006

Adler, Ronald B. & Rodman, George (2006). *Understanding human communication.* 9. ed. New York, NY: Oxford University Press

Allport/Odbert 1936

Allport, Gordon Willard & Odbert, Henry Sebastian (1936). *Trait-names: A psycho-lexical study.* Princeton, NJ / Albany, NY: Psychological Review Company

Amice 1989

ESPRIT Consortium AMICE (Hrsg.) (1989). *Open system architecture for CIM.* Berlin: Springer

Aristoteles, v384–v322 et al. 1995

Aristoteles, v384–v322 & Seidl, Horst (Hrsg.); Biehl, Wilhelm (Hrsg.) & Apelt, Otto (Hrsg.) (1995). *Über die Seele: De anima.* Hamburg: Meiner

Audretsch 2004

Audretsch, David B. (2004). *KMU in Europa 2003.* Luxemburg: Amt für Amtliche Veröffentlichungen der Europäischen Gemeinschaften

Audretsch et al. 1999

Audretsch, David B.; Santarelli, Enrico & Vivarelli, Marco (1999). *Start-up size and industrial dynamics: Some evidence from Italian manufacturing.* International journal of industrial organization 17(7), 965–983

Audretsch/Thurik 2001

Audretsch, David B. & Thurik, A. R. (2001). *What's new about the new economy? Sources of growth in the managed and entrepreneurial economies.* Industrial and corporate change 10(1), 267–315

Auer 1999

Auer, Peter (1999). *Sprachliche Interaktion: Eine Einführung anhand von 22 Klassikern.* Tübingen: Niemeyer

Austin/Urmson 1961

Austin, John Langshaw & Urmson, J. O. (Hrsg.) (1961). *How To Do Things With Words: The William James Lectures delivered at Harvard University in 1955.* Oxford: Clarendon

Backster 1968

Backster, Cleve (1968). *Evidence of a Primary Perception in Plant Life.* International Journal of Parapsychology 10(4), 329–348

Balling 1998

Balling, Richard (1998). *Kooperation: Strategische Allianzen, Netzwerke, Joint Ventures und andere Organisationsformen zwischenbetrieblicher Zusammenarbeit in Theorie und Praxis.* Frankfurt/Main: Lang

Baum et al. 2006

Baum, Heiko; Krause, Michael; Schütze, Jens; Adler, Matthias & Doempke, Steven (2006). *Me2Ko – Methode zur Modellierung von Kommunikations- und Koordinationsprozessen in KMU-Netzwerken.* BMBF-Statuskonferenz „Software Engineering 2006". Leipzig, 26.–28. Juni

Baumann et al. 2001

Baumann, Michael; Heinen, Ewald & Holzbach, Wiebke (2001). *Entwicklung innovativer Dienstleistungen im Handwerk: Ergebnisse eines vom Bundesministerium für Bildung und Forschung (BMBF) geförderten Projektes (Förderkennzeichen 01 HG 9803).* Karlsruhe: Helmes

Becker et al. 2007a

Becker, Thomas; Dammer, Ingo; Howaldt, Jürgen; Killich, Stephan & Loose, Achim (Hrsg.) (2007). *Netzwerkmanagement: Mit Kooperation zum Unternehmenserfolg.* Berlin: Springer

Becker et al. 2007b

Becker, Thomas; Dammer, Ingo; Howaldt, Jürgen; Killich, Stephan & Loose, Achim (2007). *Netzwerke – praktikabel und zukunftsfähig.* In: Becker, Thomas; Dammer, Ingo; Howaldt, Jürgen; Killich, Stephan & Loose, Achim (Hrsg.). Netzwerkmanagement: Mit Kooperation zum Unternehmenserfolg. Berlin: Springer, 3–11

Becker/Vossen 1996

Becker, Jörg & Vossen, Gottfried (1996). *Geschäftsprozessmodellierung und Workflow-Management: Eine Einführung.* In: Vossen, G. & Becker, J. (Hrsg.). Geschäftsprozessmodellierung und Workflow-Management: Modelle, Methoden, Werkzeuge. Bonn: Thomson

Bernstein 1967

Bernstein, Nikolaj A. (1967). *The co-ordination and regulation of movements.* Oxford: Pergamon Press

Bernstein 2006

Bernstein, Nikolaj A. (2006). *Selected works of N. A. Bernstein.* Armonk, NY: Sharpe

Bertalanffy 1949

Bertalanffy, Ludwig von (1949). *General System Theory.* Biologia Generalis 19(1), 114–129

BMBF 2007

Bundesministerium für Bildung und Forschung (2007). *Das BMBF auf der CeBIT 2007: Pressemitteilung des BMBF vom 04.03.2007.* URL: http://www.bmbf.de/de/cebit2007.php (Stand 2007-11-27)

Bokranz/Kasten 2001

Bokranz, Rainer & Kasten, Lars (2001). *Organisations-Management in Dienstleistung und Verwaltung: Gestaltungsfelder Instrumente und Konzepte.* 3. Aufl. Wiesbaden: Gabler

Bonapart 1992

Ubis GmbH (1992). *Benutzerhandbuch Bonapart.* Berlin: Ubis

Booch et al. 1997

Booch, Grady; Jacobson, Ivar & Rumbaugh, James (1997). *Unified Modeling Language, Version 1.0 – Documentation: UML Summary, UML Semantics, Notation Guide.* Santa Clara, CA: Rational Software Corporation

Bosma/Harding 2007

Bosma, Niels & Harding, Rebecca (2007). *Global Entrepreneurship Monitor: GEM 2006 Summary Results.* Babson Park, MA: Babson College and London: London Business School

Braun et al. 2007

Braun, Torsten; Carle, Georg & Stiller, Burkhard (2007). *Kommunikation in Verteilten Systemen (KiVS): 15. Fachtagung Kommunikation in Verteilten Systemen (KiVS 2007).* Bern, Schweiz, 26. Februar bis 2. März 2007. Berlin/ Heidelberg: Springer

Brinker/Sager 1989

Brinker, Klaus & Sager, Sven Frederik (1989). *Linguistische Gesprächsanalyse: Eine Einführung.* Berlin: E. Schmidt

Bronder 1992

Bronder, Christoph (1992). *Unternehmensdynamisierung durch strategische Allianzen: Ein konzeptioneller Ansatz zum Kooperationsmanagement.* St. Gallen: Universität

Brücher/Endl 2002

Brücher, Heide & Endl, Rainer (2002). *Erweiterung von UML zur geschäfts-regelorientierten Prozessmodellierung.* In: Becker, Jörg & Knackstedt, Ralf (Hrsg.). Wissensmanagement mit Referenzmodellen: Konzepte für die Anwendungssystem- und Organisationsgestaltung. Heidelberg: Physica, 145–161

Bühler 1934

Bühler, Karl (1934). *Sprachtheorie: Die Darstellungsfunktion der Sprache.* Jena: Fischer

Burkart 2002

Burkart, Roland (2002). *Kommunikationswissenschaft: Grundlagen und Problemfelder; Umrisse einer interdisziplinären Sozialwissenschaft.* 4. überarb. u. aktual. Aufl. Wien/Köln/Weimar: Böhlau

Camarinha-Matos et al. 2005

Camarinha-Matos, Luis; Afsarmanesh, Hamideh & Ollus, Martin (2005). *Virtual organizations: Systems and practices.* New York, NY: Springer

Camarinha-Matos et al. 2007

Camarinha-Matos, Luis; Afsarmanesh, Hamideh; Novais, Paulo & Analide, Cesar (2007). *Establishing the foundation of collaborative networks: IFIP TC 5 Working Group 5.5 Eighth IFIP Working Conference on Virtual Enterprises.* September 10–12, 2007, Guimarães, Portugal. New York, NY: Springer

Caves 1982

Caves, Richard E. (1982). *Multinational enterprise and economic analysis.* Cambridge: Cambridge University Press

Chandler/Hikino 1990

Chandler, Alfred D. & Hikino, Takashi (1990). *Scale and scope: The dynamics of industrial capitalism.* Cambridge, MA: Belknap Press

Chen 1976

Chen, Peter Pi-Shan (1976). *The Entity-Relationship Model: Toward a Unified View of Data.* ACM Transactions on Database Systems 1(1), 9–36

CIA 2002

Central Intelligence Agency (2002). *CIA World Factbook.* URL: https://www.cia.gov/library/publications/the-world-factbook/ (Stand 2007-11-27)

Contractor/Lorange 1988

Contractor, F. & Lorange, P. (1988). *Why should firms cooperate: The Strategy and economic basis for cooperative venture.* In: Contractor, F. & Lorange, P. (Hrsg.). Cooperative Strategies in International Business. Lexington: D. C. Heath and Company, 1–28

Crowley/Heyer 1991

Crowley, David J. & Heyer, Paul (1991). *Communication in history: Technology, culture, society.* New York, NY: Longman

Cuhls et al. 1998

Cuhls, Kerstin; Blind, Knut & Grupp, Hariolf (1998). *Delphi '98 - Umfrage. Studie zur globalen Entwicklung von Wissenschaft und Technik.: Methoden- und Datenband; Zusammenfassung und Ergebnisse.* Karlsruhe: Fraunhofer-Institut für Systemtechnik und Innovationsforschung

Dammer 2007

Dammer, Ingo (2007). *Gelingende Kooperation („Effizienz").* In: Becker, Thomas; Dammer, Ingo; Howaldt, Jürgen; Killich, Stephan & Loose, Achim (Hrsg.). Netzwerkmanagement: Mit Kooperation zum Unternehmenserfolg. Berlin: Springer, 37–47

Dance/Larson 1976

Dance, Frank E. X. & Larson, Carl E. (1976). *The Functions of Human Communication: A Theoretical Approach.* New York, NY: Holt, Rinehart and Winston

Davenport 1993

Davenport, Thomas H. (1993). *Process innovation: Reengineering work through information technology.* Boston, MA: Harvard Business School Press

Davenport 1996

Davenport, Thomas H. (1996). *Why Reengineering Failed: The Fad that Forgot People.* Fast Company 1(1), 70–73

Davenport/Short 1990

Davenport, Thomas H. & Short, James E. (1990). *The New Industrial Engineering: Information Technology and Business Process Redesign.* Sloan Management Review 31(4), 11–27

Davis et al. 1996

Davis, Steven J.; Haltiwanger, John C. & Schuh, Scott (1996). *Job creation and destruction.* Cambridge, MA: MIT Press

DLR-PT 2006

PT Softwaresysteme, Projektträger BMBF beim DLR e.V. (2006). *Forschungsoffensive „Software Engineering 2006".* URL: http://www.softwarefoerderung. de/index.html (Stand 2007-11-27)

Döring 2003

Döring, Nicola (2003). *Sozialpsychologie des Internet: Die Bedeutung des Internet für Kommunikationsprozesse, Identitäten, soziale Beziehungen und Gruppen.* Göttingen: Hogrefe

Doumeingts 1984

Doumeingts, Guy (1984). *Méthode GRAI: Méthode de conception des systèmes en productique.* These d'État. Bordeaux: Universite de Bordeaux 1

Duysters et al. 2001

Duysters, Geert; Man, Adrianus P. de & Vasudevan, Ash (Hrsg.) (2001). *The allianced enterprise: Global strategies for corporate collaboration.* London/ River Edge, NJ: Imperial College Press

Eagle et al. 2008

Eagle, Nathan; Pentland, Alex (Sandy) & Lazer, David (2008). *Inferring Social Network Structure using Mobile Phone Data.* Science (in review). URL: http://www.socialsciences.cornell.edu/0508/sciencereport_formatted_10.12.pdf (Stand 2008-02-24)

Edelhäuser 1998

Edelhäuser, Friedrich (1998). *Intentionalität und Bewegung.* In: Schwaetzer, Harald & Stahl-Schwaetzer, Henriecke (Hrsg.). L'homme machine?: Anthropologie im Umbruch. Hildesheim: Olms, 109–132

Einstein et al. 1935

Einstein, Albert; Podolsky, Boris & Rosen, Nathan (1935). *Can Quantum-Mechanical Description of Physical Reality be Considered Complete?* Physical Review 47(10), 777–780

Empfehlung 2003/361/EG

Empfehlung 2003/361/EG der Kommission vom 6. Mai 2003 betreffend die Definition der Kleinstunternehmen sowie der kleinen und mittleren Unternehmen. Amtsblatt der Europäischen Union Nr. L 124 vom 20.05.2003, 36–41

Eriksson/Penker 2000

Eriksson, Hans-Erik & Penker, Magnus (2000). *Business modeling with UML: Business patterns at work.* New York, NY: Wiley

Eurostat 2007

Eurostat (2007). *European Business: Facts and Figures, 2006 Edition.* Luxembourg: Office for Official Publications of the European Communities

Feifel 1995

Feifel, Erich (1995). *Von der curricularen zur kommunikativen Didaktik.* In: Langer, Michael & Leimgruber, Stephan (Hrsg.). Religiöse Erziehung im Umbruch. München: Kösel, 241–255

Ferstl/Sinz 1991

Ferstl, Otto K. & Sinz, Elmar J. (1991). *Ein Vorgehensmodell zur Objektmodellierung betrieblicher Informationssysteme im Semantischen Objektmodell (SOM).* Bamberg: Otto-Friedrich-Univ.

Fiedler 2007

Fiedler, Klaus (Hrsg.) (2007). *Social Communication: Frontiers of Social Psychology.* Hove/East Sussex: Psychology Press

Firestone 2001

Firestone, Joseph M. (2001). *Knowledge Management Process Methodology: An Overview.* Knowledge and Innovation: Journal of the KMCI 1(2), 54–90

Flocken et al. 2001

Flocken, Peter; Hellmann-Flocken, Sabine & Howaldt, Jürgen (2001). *Erfolgreich im Verbund: Die Praxis des Netzwerkmanagements*. Eschborn: RKW

Foerster 1974

Foerster, Heinz von (1974). *Cybernetics of Cybernetics*. Urbana, IL: University of Illinois

Fontanari 1995

Fontanari, Martin L. (1995). *Voraussetzungen für den Kooperationserfolg: Eine empirische Analyse*. In: Schertler, Walter (Hrsg.). Management von Unternehmenskooperationen: Branchenspezifische Analysen, neueste Forschungsergebnisse. Wien: Ueberreuter, 115–187

Fontanari 1996

Fontanari, Martin L. (1996). *Kooperationsgestaltungsprozesse in Theorie und Praxis*. Berlin: Duncker & Humblot

Frank 1994

Frank, Ulrich (1994). *Multiperspektivische Unternehmensmodellierung: Theoretischer Hintergrund und Entwurf einer objektorientierten Entwicklungsumgebung*. München: Oldenbourg

Gaitanides 1983

Gaitanides, Michael (1983). *Prozeßorganisation: Entwicklung, Ansätze und Programme prozeßorientierter Organisationsgestaltung*. München: Vahlen

Galliker/Weimer 2006

Galliker, Mark & Weimer, Daniel (2006). *Psychologie der Verständigung: Eine Einführung in die kommunikative Praxis*. Stuttgart: Kohlhammer

Gelernter 1985

Gelernter, David (1985). *Generative communication in Linda*. ACM Transactions on Programming Languages and Systems 7(1), 80–112

Glasersfeld et al. 1985

Glasersfeld, Ernst von; Foerster, Heinz von; Watzlawick, Paul; Hejl, Peter M.; Schmidt, Siegfried J.; Gumin, Heinz & Mohler, Armin (1985). *Einführung in den Konstruktivismus*. München: Oldenbourg.

Grässle et al. 2007

Grässle, Patrick; Baumann, Henriette & Baumann, Philippe (2007). *UML 2 projektorientiert*. 4., aktualisierte Aufl. Bonn: Galileo Press

Graumann 1972

Graumann, Carl Friedrich (1972). *Interaktion und Kommunikation*. In: Graumann, Carl Friedrich & Kruse, Lenelis (Hrsg.). Handbuch der Psychologie, Band 7: Sozialpsychologie. Göttingen: Hogrefe, 1109–1262

Grimm 2005

Grimm, Rüdiger (2005). *Digitale Kommunikation*. München, Wien: Oldenbourg

Gröblacher et al. 2007

Gröblacher, Simon; Paterek, Tomasz; Kaltenbaek, Rainer; Brukner, Časlav; Żukowski, Marek; Aspelmeyer, Markus & Zeilinger, Anton (2007). *An experimental test of non-local realism*. Nature 446(7138), 871–875

Gronau 2003

Gronau, Norbert (2003). *Die Knowledge Modeler Description Language (KMDL): Sprache zur Modellierung wissensintensiver Geschäftsprozesse*. Industrie Management 19(3), 9–13

Habermas 1981

Habermas, Jürgen (1981). *Theorie des kommunikativen Handelns*. 2 Bände. Frankfurt/Main: Suhrkamp

Hafner/Lyon 2000

Hafner, Katie & Lyon, Matthew (2000). *ARPA Kadabra: Die Geschichte des Internets*. Technikgeschichte 67(4), 368–370

Hall 1973

Hall, Stuart (1973). *Encoding and decoding in the television discourse*. Birmingham: Univ. of Birmingham

Hall et al. 1994

Hall, E. A.; Rosenthal, J. & Wade, J. (1994). *How to make reengineering really work*. The McKinsey Quarterly 31(2), 107–128

Hammer 1990

Hammer, Michael (1990). *Reengineering Work: Don't automate, obliterate*. Harvard Business Review 68(4), 104–112

Hammer 1996

> Hammer, Michael (1996). *Beyond reengineering: How the process-centered organization is changing our work and our lives.* New York, NY: Harper

Hammer/Champy 1993

> Hammer, Michael & Champy, James (1993). *Reengineering the corporation: A manifesto for business revolution.* New York, NY: Harper

Hammer/Stanton 1995

> Hammer, Michael & Stanton, Steven A. (1995). *The reengineering revolution: A handbook.* New York, NY: Harper

Hannappel/Melenk 1979

> Hannappel, Hans & Melenk, Hartmut (1979). *Alltagssprache: Semantische Grundbegriffe und Analysebeispiele.* München: Fink

Harhoff et al. 1998

> Harhoff, Dietmar; Stahl, Konrad O. & Woywode, Michael (1998). *Legal form, growth and exit of West German firms: Empirical results for manufacturing, construction, trade and service industries.* The journal of industrial economics 46(4), 453–488

Harrigan 1986

> Harrigan, Kathryn R. (1986). *Managing for joint venture success.* Lexington, MA: Lexington Books

Hartley 1928

> Hartley, Ralph Vinton Lyon (1928). *Transmission of Information.* Bell System Technical Journal 7(7), 535–563

Haupt 2003

> Haupt, Susanne (2003). *Digitale Wertschöpfungsnetzwerke und kooperative Strategien in der Lackindustrie.* St. Gallen: Universität

Havnes 2004

> Havnes, Per-Anders (2004). *KMU und Kooperationen.* Luxemburg: Amt für Amtliche Veröffentlichungen der Europäischen Gemeinschaften

Heisig 2002

Heisig, Peter (2002). *GPO-WM Methode und Werkzeuge zum geschäftsprozess-orientierten Wissensmanagement: Effektive Wissensnutzung bei der Planung und Umsetzung von Geschäftsprozessen.* In: Abecker, A.; Hinkelmann, K.; Maus, H. & Müller, H. J. (Hrsg.). Geschäftsprozessorientiertes Wissensmanagement. Berlin: Springer, 47–64

Herrmann/Loser 1999

Herrmann, Thomas & Loser, Kai-Uwe (1999). *Vagueness in models of socio-technical systems.* Behaviour and Information Technology 18(5), 313–323

Hickethier 1988

Hickethier, Knut (1988). *Das „Medium", die „Medien" und die Medien-wissenschaft.* In: Bohn, Rainer; Müller, Eggo & Ruppert, Rainer (Hrsg.): Ansichten einer künftigen Medienwissenschaft. Berlin: Bohn, 51–74

Hockett 1977

Hockett, Charles F. (1977). *The view from language: Selected essays 1948–1974.* Athens, OH: Univ. of Georgia Press

Homberger 2003

Homberger, Dietrich (2003). *Sachwörterbuch zur Sprachwissenschaft.* Stuttgart: Reclam

Hopenhayn 1992

Hopenhayn, H. A. (1992). *Entry, Exit, and Firm Dynamics in Long Run Equili-brium.* Econometrica 60(5), 1127–1150

IDC 2007

International Data Corporation (2007). *Worldwide Email Usage 2007–2011 Forecast: Resurgence of Spam Takes its Toll.* March 2007 (Doc #206038)

IDS 1998

IDS Prof. Scheer GmbH (1998). *ARIS Methode.* Saarbrücken: IDS

IDS 2005

IDS Scheer AG (2005). *ARIS Platform: Methodenhandbuch ARIS 7.0.* Saar-brücken: IDS

Imai 1986

Imai, Masaaki (1986). *Kaizen: The key to Japan's competitive success.* New York, NY: McGraw-Hill

ISO 9241

DIN EN ISO 9241 (2006). *Ergonomie der Mensch-System-Interaktion.* Ausgabe 2006-08

ISSN 2001

International Standard Serial Number (2001). *ISSN Statistics.* URL: http://www.issn.org /en/node/330

ITU 2007

International Telecommunication Union (2007). *ICT Statistics: ICT levels around the world 2006.* URL: http://www.itu.int/ITU-D/ict/statistics/ict/index.html (Stand 2008-01-15)

Johansson/McHugh 1993

Johansson, Henry & McHugh, Patrick (1993). *Business Process Reengineering: Breakpoint Strategies for Market Dominan.* New York, NY: Wiley

John et al. 1997

John, Robin; Grimwade, Nigel & Cox, Howard (Hrsg.) (1997). *Global Business Strategy: An Introduction.* London: International Thomson Business Press

Joint et al. 2007

Joint, Ian; Downie, J. Allan & Williams, Paul (2007). *Bacterial conversations: talking, listening and eavesdropping.* Philosophical transactions of the Royal Society B 362(1483), 1113–1249

Jovanovic 2001

Jovanovic, Boyan (2001). *New Technology and the Small Firm.* Small Business Economics 16(1), 53–55

Kant, 1770 et al. 1998

Kant, Immanuel, 1770 & Reich Klaus (Hrsg.) (1998). *Über die Form und die Prinzipien der Sinnen- und Geisteswelt: De mundi sensibilis atque intelligibilis forma et principiis.* Hamburg: Meiner

Karagiannis/Telesko 2000

Karagiannis, Dimitris & Telesko, Rainer (2000). *The EU-Project PROMOTE: A Processoriented Approach for Knowledge Management.* In: Reimer, Ulrich (Hrsg.). PAKM 2000: Practical aspects of knowledge management. Zürich: Swiss Life, 13-1 bis 13-7

Käschel et al. 2003

Käschel, Joachim; Zimmermann, Matthias & Zschorn, Lars (2003). *Die erweiterte Polyedrale Analyse als Methode zur Analyse für Soft-facts in hierarchielosen Produktionsnetzen.* In: Müller, Egon (Hrsg.). VPP2003: Tagungsband „Vernetzt planen und produzieren". Chemnitz: Technische Universität, 85–89

Käschel et al. 2004

Käschel, Joachim; Teich, Tobias & Zimmermann, Matthias (2004). *Quantifizierung qualitativer Aspekte der Netzwerkbildung: Soft-Fact Integration.* In: Weissenberger-Eibl, Marion A. & Aderhold, Jens. Unternehmen im Umbruch: Konzepte, Instrumente und Erfolgsmuster. Rosenheim: Cactus, 309–329

KBSt 1994

Koordinierungs- und Beratungsstelle für die Informationstechnik in der Bundesverwaltung (KBSt) (1994). *Das V-Modell: Software-Entwicklungsstandard in der Bundesverwaltung.* Bonn: Bundesministerium des Innern

Kecher 2006

Kecher, Christoph (2006). *UML 2.0: Das umfassende Handbuch.* Bonn: Galileo Press

Kieser/Kubicek 1992

Kieser, Alfred & Kubicek, Herbert (1992). *Organisation.* 3., völlig neubearb. Aufl. Berlin: de Gruyter

Killich et al. 1999

Killich, S.; Luczak, H.; Schlick, C.; Weissenbach, M.; Wiedenmaier, S. & Ziegler, J. (1999). *Task modelling for cooperative work.* Behavior & Information Technology 18(5), 325–338

Kimpeler et al. 2007

Kimpeler, Simone; Mangold, Michael & Schweiger, Wolfgang (2007). *Die digitale Herausforderung: Zehn Jahre Forschung zur computervermittelten Kommunikation 2007.* Wiesbaden: Verlag für Sozialwissenschaften

Knapp 1972

Knapp, Mark L. (1972). *Nonverbal communication in human interaction.* New York, NY: Holt, Rinehart and Winston

Kosiol 1962

Kosiol, Erich (1962). *Organisation der Unternehmung.* Wiesbaden: Gabler

Kostka/Kostka 2007

Kostka, Claudia & Kostka, Sebastian (2007). *Der kontinuierliche Verbesserungsprozess: Methoden des KVP*. 3., völlig neubearb. Aufl. München: Hanser

Krallmann 1986

Krallmann, Hermann (1986). *Die Kommunikationsstrukturanalyse: Voraussetzung für das papierarme Büro*. Proceedings der 16. GI-Jahrestagung II, Berlin, 6.–10. Oktober 1986. Heidelberg: Springer, 162–176

Krause et al. 2005

Krause, Michael; Baum, Heiko & Schütze, Jens (2005). *Me2Ko: A Method for Modeling of Communication and Coordination Processes in SME Networks*. In: Andersin, Hans E. & Niemi, Esko (Hrsg.). ICAM 2005: Proceedings of the International Conference on Agility, Otaniemi, Finland, 27–28 July 2005. Helsinki: Helsinki University of Technology, 267–274

Krogstie 2002

Krogstie, John (2002). *EEML Description*. EXTERNAL Consortium, Report 1-14-D-2002-01-0, 22. Oktober 2002

Kruchten 1999

Kruchten, Philippe (1999). *Der Rational Unified Process: Eine Einführung*. München: Addison-Wesley

Kühnle et al. 1998

Kühnle, Hermann; Sternemann, Karl-Heinz & Harz, Karl (Hrsg.) (1998). *Herausforderung Geschäftsprozesse: Den Wandel organisatorisch und technisch gestalten*. Stuttgart: Logis

Lasswell 1948

Lasswell, Harold Dwight (1948). *The structure and function of communication in society*. In: Bryson, Lyman (Hrsg.). The communication of ideas: A series of addresses. New York, NY: Institute for Religious and Social Studies, 37–52

Laubacher et al. 2003

Laubacher, Robert; Malone, Thomas W. & the MIT Scenarios Working Group (2003). *Two Scenarios for 21st Century Organizations: Shifting Networks of Small Firms or All-Encompassing „Virtual Countries"?* In: Malone, Thomas W.; Laubacher, Robert & Morton, Michael S. Scott (Hrsg.). Inventing the organizations of the 21st century. Cambridge, MA: MIT Press, 115–132

Lexikon der Biologie 2006

> *Lexikon der Biologie: Gesamtausgabe in 14 Bänden* (2006). Heidelberg: Spektrum

Licklider/Taylor 1968

> Licklider, Joseph Carl Robnett & Taylor, Robert (1968). *The Computer as a Communication Device.* Science and Technology 76(4), 21–31

Luhmann 1984

> Luhmann, Niklas (1984). *Soziale Systeme: Grundriß einer allgemeinen Theorie.* Frankfurt/Main: Suhrkamp

Luhmann 1997

> Luhmann, Niklas (1997). *Die Gesellschaft der Gesellschaft.* Frankfurt/Main: Suhrkamp

Lyman/Varian 2003

> Lyman, Peter & Varian, Hal R. (2003). *How Much Information 2003?* URL: http://www.sims.berkeley.edu/how-much-info-2003 (Stand 2008-01-14)

Maletzke 1963

> Maletzke, Gerhard (1963). *Psychologie der Massenkommunikation: Theorie und Systematik.* Hamburg: Hans Bredow Institut

Maletzke 1998

> Maletzke, Gerhard (1998). *Kommunikationswissenschaft im Überblick: Grundlagen, Probleme, Perspektiven.* Wiesbaden: Opladen

Malone et al. 2003

> Malone, Thomas W.; Crowston, Kevin & Herman, George A. (2003). *Organizing business knowledge: The MIT process handbook.* Cambridge, MA: MIT Press

Malone/Crowston 1994

> Malone, Thomas W. & Crowston, Kevin (1994). *The Interdisciplinary Study of coordination.* ACM Computing Surveys 26(1), 87–119

Man 2001

> Man, Ard-Pieter de (2001). *The allianced enterprise: Global strategies for corporate collaboration.* London: Imperial College Press

Manganelli/Klein 1994
Manganelli, Raymond L. & Klein, Mark M. (1994). *The reengineering handbook: A step-by-step guide to business transformation.* New York, NY: Amacom

Maturana/Varela 1973
Maturana, Humberto Romesín & Varela, Francisco Javier (1973). *Autopoiesis and cognition: The realization of the living.* Dordrecht: Reidel

Maturana/Varela 1984
Maturana, Humberto Romesín & Varela, Francisco Javier (1984). *Der Baum der Erkenntnis: Die biologischen Wurzeln des menschlichen Erkennens.* München: Goldmann

Mayer et al. 1992
Mayer, Richard J.; Painter, Michael K. & de Witte, Paula S. (1992). *IDEF Family of Methods for Concurrent Engineering and Business Re-engineering Applications.* College Station, TX: Knowledge-Based Systems

Me2Ko 2007
SIGMA Chemnitz GmbH (2007). *Technische Dokumentation der Me2Ko-Software.* Version 0.5 vom 14.06.2007.

Meister et al. 2002
Meister, Martin; Urbig, Diemo; Gerstl, Renate; Lettkemann, Eric; Osherenko, Alexander & Schröter, Kay (2002). *Die Modellierung praktischer Rollen für Verhandlungssysteme in Organisationen: Wie die Komplexität von Multiagentensystemen durch Rollenkonzeptionen erhöht werden kann.* Technology Studies, TUTS-WP-6-2002. Berlin: Technische Universität

Meister et al. 2007
Meister, Martin; Schröter, Kay; Urbig, Diemo; Lettkemann, Eric; Burkhard, Hans-Dieter & Rammert, Werner (2007). *Construction and Evaluation of Social Agents in Hybrid Settings: Approach and Experimental Results of the INKA Project.* Journal of Artificial Societies and Social Simulation 10(1)

Merten 1977
Merten, Klaus (1977). *Kommunikation: Eine Begriffs- und Prozeßanalyse.* Wiesbaden: Opladen

Merten 1994

Merten, Klaus (1994). *Evolution der Kommunikation*. In: Merten, Klaus; Schmidt, Siegfried J. & Weischenberg, Siegfried (Hrsg.). Die Wirklichkeit der Medien: Eine Einführung in die Kommunikationswissenschaft. Wiesbaden: Opladen

Mertens 1996

Mertens, Peter (1996). *Process focus considered harmful?* Wirtschaftsinformatik 38(4), 446–447

Messina/Vallanti 2006

Messina, Julián & Vallanti, Giovanna (2006). *Job flow dynamics and firing restrictions: Evidence from Europe*. Frankfurt/Main: European Central Bank

Mettler von Meibom 1994

Mettler von Meibom, Barbara (1994). *Kommunikation in der Mediengesellschaft: Tendenzen, Gefährdungen, Orientierungen*. Berlin: Ed. Sigma

Müller 2005

Müller, Egon (Hrsg.) (2005). *Sonderforschungsbereich 457 „Hierarchielose regionale Produktionsnetze": Finanzierungsantrag 2006–2009*. Chemnitz: Technische Universität, Institut für Betriebswissenschaften und Fabriksysteme

Müller 2007

Müller, Egon (Hrsg.) (2007). *Sonderforschungsbereich 457 „Hierarchielose regionale Produktionsnetze": Abschlussbericht 2006*. Chemnitz: Technische Universität, Institut für Betriebswissenschaften und Fabriksysteme

Müller et al. 2006

Müller, Egon; Horbach, Sebastian; Ackermann, Jörg; Schütze, Jens & Baum, Heiko (2006). *Production system planning in Competence-cell-based Networks*. International Journal of Production Research 44(18–19), 3989–4009

Münch 1991

Münch, Richard (1991). *Dialektik der Kommunikationsgesellschaft*. Frankfurt/Main: Suhrkamp

Münch 1995

Münch, Richard (1995). *Dynamik der Kommunikationsgesellschaft*. Frankfurt/Main: Suhrkamp

Németh et al. 1992

Németh, T.; Oberweis, A.; Schönthaler, F. & Stucky, W. (1992). *INCOME: Arbeitsplatz für den Programmentwurf interaktiver betrieblicher Informationssysteme.* Forschungsbericht 251. Karlsruhe: Universität, Institut für Angewandte Informatik und Formale Beschreibungsverfahren

Nordsieck 1932

Nordsieck, Fritz (1932). *Die schaubildliche Erfassung und Untersuchung der Betriebsorganisation.* Stuttgart: Poeschel

Nyquist 1924

Nyquist, Harry (1924). *Certain Factors Affecting Telegraph Speed.* Bell System Technical Journal 3(4), 324–352

Nyquist 1928

Nyquist, Harry (1928). *Certain Topics in Telegraph Transmission Theory.* Transactions of the American Institute of Electrical Engineers 47(4), 617–644

Oestereich et al. 2003

Oestereich, Bernd; Weiss, C.; Weilkiens, T.; Schröder, C. & Lenhard, A. (2003). *Objektorientierte Geschäftsprozessmodellierung mit der UML.* Heidelberg: dpunkt

Ogden/Richards 1923

Ogden, Charles Kay & Richards, Ivor Armstrong (1923). *The meaning of meaning: A study of the influence of language upon thought and of the science of symbolism.* London: Routledge & Kegan Paul

Online Etymology Dictionary 2007

Online Etymology Dictionary (2007). *„communication".* URL: http://www.etymonline.com/index.php?term=communication (Stand 2007-12-12)

Österle 1995

Österle, Hubert (1995). *Business engineering: Prozeß- und Systementwicklung.* Band 1: Entwurfstechniken. Berlin: Springer

Ould 1995

Ould, Martyn A. (1995). *Business processes: Modelling and analysis for re-engineering and improvement.* Chichester: Wiley

Parsons 1951

Parsons, Talcott (1951). *The social system.* Glencoe, IL: Free Press

Petri 1962

Petri, Carl Adam (1962). *Kommunikation mit Automaten*. Bonn: Mathematisches Institut der Universität Bonn

Plant Communication 2006

Plant Communication (2006). *Special Issue: Plant Volatiles – From Chemistry to Communication*. Science 311(5762), 725–900

Platon, v427–v347 et al. 2004

Platon, v427–v347; Schleiermacher, Friedrich (Hrsg.); Otto, Walter F. (Hrsg.) & Wolf, Ursula (Hrsg.) (2004). *Sämtliche Werke, Band 3: Kratylos, Parmenides, Theaitetos, Sophistes, Politikos, Philebos, Briefe*. 34. Aufl. Reinbek/Hamburg: Rowohlt

Popitz 1967

Popitz, Heinrich (1967). *Der Begriff der sozialen Rolle als Element der soziologischen Theorie*. Tübingen: Mohr-Siebeck

Popper 1962

Popper, Karl Raimund (1962). *Conjectures and refutations: The growth of scientific knowledge*. New York, NY: Basic Books

Popper 1972

Popper, Karl Raimund (1972). *Objective knowledge: An evolutionary approach*. Oxford: Clarendon Press

Popper 2000

Popper, Karl Raimund (2000). *Vermutungen und Widerlegungen: Das Wachstum der wissenschaftlichen Erkenntnis*. Unveränd. Ausg. in 1 Bd. Tübingen: Mohr-Siebeck

Porter 1985

Porter, Michael E. (1985). *Competitive advantage: Creating and sustaining superior performance*. New York, NY: Free Press

Pross 1972

Pross, Harry (1972). *Medienforschung: Film Funk Presse Fernsehen*. Darmstadt: Habel

Pürer 2001

Pürer, Heinz (2001). *Grundbegriffe der Kommunikationswissenschaft*. Konstanz: UVK

Putnam 1975

Putnam, Hilary (1975). *Mind, language and reality.* Cambridge: Cambridge University Press

Random House 2006

Random House (2006). *Webster's Unabridged Dictionary.* New York, NY: Random House

Rausch et al. 2006

Rausch, Andreas; Broy, M.; Bergner, Klaus; Höhn, Reinhard & Höppner, Stephan (2006). *Das V-Modell XT: Grundlagen, Methodik und Anwendungen.* Berlin: Springer

Reese-Schäfer 2001

Reese-Schäfer, Walter (2001). *Jürgen Habermas.* 3., vollst. überarb. Aufl. Frankfurt/Main: Campus

Remus 2002a

Remus, Ulrich (2002). *Integrierte Prozess- und Kommunikationsmodellierung zur Verbesserung von wissensintensiven Geschäftsprozessen.* In: Abecker, Andreas; Hinkelmann, Knut; Maus, Heiko & Müller, Heinz J. (Hrsg.). Geschäftsprozessorientiertes Wissensmanagement: Effektive Wissensnutzung bei der Planung und Umsetzung von Geschäftsprozessen. Berlin: Springer, 91–122

Remus 2002b

Remus, Ulrich (2002). *Prozessorientiertes Wissensmanagement: Konzepte und Modellierung.* Dissertation. Regensburg: Universität

Ross/Schoman 1977

Ross, Douglas T. & Schoman, Ken (1977). *Structured Analysis for Requirements Definition.* IEEE Transactions on Software Engineering 3(1), 6–15

Rummler/Brache 1995

Rummler, Geary A. & Brache, Alan P. (1995). *Improving performance: How to manage the white space on the organization chart.* San Francisco, CA: Jossey-Bass

Sager 2004

Sager, Sven Frederik (2004). *Kommunikationsanalyse und Verhaltensforschung: Grundlagen einer Gesprächsethologie.* Tübingen: Stauffenburg

Scheer 1992

Scheer, August-Wilhelm (1992). *Architektur integrierter Informationssysteme.* Heidelberg: Springer

Schenk 1994

Schenk, Michael (1994). *Kommunikationstheorien.* In: Noelle-Neumann, Elisabeth; Schulz, Winfried & Wilke, Jürgen (Hrsg.). Das Fischer-Lexikon Publizistik, Massenkommunikation. Frankfurt/Main: Fischer, 140–171

Scherer 1988

Scherer, Frederic M. (1988). *Testimony before the Subcommittee on Monopolies and Commercial Law, Committee on the Judiciary, US House of Representatives.* 24 February

Schmidt-Sudhoff 1967

Schmidt-Sudhoff, Ulrich (1967). *Unternehmerziele und unternehmerisches Zielsystem.* Wiesbaden: Gabler

Schmitt 2007

Schmitt, Reinhold (Hrsg.) (2007). *Koordination: Analysen zur multimodalen Interaktion 2007.* Tübingen: Narr

Schopenhauer 1819

Schopenhauer, Arthur (1819). *Die Welt als Wille und Vorstellung.* Leipzig: Brockhaus

Schuh et al. 2005

Schuh, Günther; Friedli, Thomas & Kurr, Michael A. (2005). *Kooperationsmanagement: Systematische Vorbereitung, gezielter Auf- und Ausbau, entscheidende Erfolgsfaktoren.* München: Hanser

Schulz von Thun 1981

Schulz von Thun, Friedemann (1981). *Miteinander reden, Band 1: Störungen und Klärungen.* Reinbek/Hamburg: Rowohlt

Schulz von Thun 1989

Schulz von Thun, Friedemann (1989). *Stile, Werte und Persönlichkeitsentwicklung: Differentielle Psychologie der Kommunikation.* Reinbek/Hamburg: Rowohlt

Schulz von Thun 2008

Schulz von Thun, Friedemann (2008). *Das Kommunikationsquadrat.* URL: http://www.schulz-von-thun.de/mod-komquad.html (Stand 2008-01-21)

Searl 1969

Searle, John R. (1969). *Speech Acts: An Essay in the Philosophy of Language.* London: Cambridge University Press

Sebeok 1972

Sebeok, Thomas A. (1972). *Perspectives in zoosemiotics.* The Hague: Mouton

Segil 2002

Segil, Larraine (2002). *Intelligent Business Alliances: How to Profit Using Todays Most Important Strategic Tool.* New York, NY: Three Rivers Press

Shannon 1948

Shannon, Claude Elwood (1948). *A mathematical theory of communication.* Bell System Technical Journal 27(7/10), 379–423/623–656

Shannon/Weaver 1949

Shannon, Claude Elwood & Weaver, Warren (1949). *The mathematical theory of communication.* Urbana, IL: University of Illinois Press

Smith 1776

Smith, Adam (1776). *An inquiry into the nature and causes of the wealth of nations.* London: Strahan & Cadell

Spitz 1988

Spitz, René A. (1988). *Vom Dialog: Studien über den Ursprung der menschlichen Kommunikation und ihrer Rolle in der Persönlichkeitsbildung.* München: DTV

Spur et al. 1993

Spur, Günter; Mertins, Kai & Jochem, Roland (1993). *Integrierte Unternehmensmodellierung.* Berlin: Beuth

Staudt et al. 1992

Staudt, Erich; Toberg, Michael; Linné, Harald; Bock, Jürgen & Thielemann, Frank (1992). *Kooperationshandbuch: Ein Leitfaden für die Unternehmenspraxis.* Stuttgart: Schaeffer-Poeschel

Sydow 1992

Sydow, Jörg (1992). *Strategische Netzwerke: Evolution und Organisation.* Wiesbaden: Gabler

Sydow 2006

Sydow, Jörg (2006). *Management von Netzwerkorganisationen: Zum Stand der Forschung.* In: Sydow, Jörg (Hrsg.). Management von Netzwerkorganisationen. Beiträge aus der „Managementforschung". 4., akt. u. erw. Aufl. Wiesbaden: Gabler, 387–472

Sydow et al. 2002

Sydow, Jörg; Windeler, Arnold & Krebs, Michael (2002). *Organisation von Netzwerken: Strukturationstheoretische Analysen der Vermittlungspraxis in Versicherungsnetzwerken.* Wiesbaden: Verlag für Sozialwissenschaften

Taylor 1911

Taylor, Frederick Winslow (1911). *The principles of scientific management.* New York, NY: Harper

Teece 1993

Teece, David J. (1993). *The dynamics of industrial capitalism: Perspectives on Alfred Chandler's Scale and scope.* Journal of economic literature 31(1), 199–225

Tembrock 1971

Tembrock, Günter (1971). *Biokommunikation: Informationsübertragung im biologischen Bereich.* Berlin: Akademie

Thurlow et al. 2004

Thurlow, Crispin; Lengel, Laura & Tomic, Alice (2004). *Computer mediated communication: Social interaction and the internet.* London: Sage

Trabant 1996

Trabant, Jürgen (1996). *Elemente der Semiotik.* Tübingen: Francke

Tsitsigiannis/Keller 2007

Tsitsigiannis, Dimitrios I. & Keller, Nancy P. (2007). *Oxylipins as developmental and host-fungal communication signals.* Trends in Microbiology 15(3), 109–118

Ulrichs 2001

R. R. Bowker (Hrsg.) (2001). *Ulrich's International Periodicals Directory: The Global Source for Periodicals Information Since 1932.* New York, NY: Bowker

Ungeheuer 1972

Ungeheuer, Gerold (1972). *Sprache und Kommunikation*. 2., erw. Aufl. Hamburg: Buske

Ungeheuer/Juchem 1987

Ungeheuer, Gerold & Juchem, Johann G. (Hrsg.) (1987). *Kommunikationstheoretische Schriften I: Sprechen, Mitteilen, Verstehen*. Aachen: Rader

Ungeheuer/Schmitz 1990

Ungeheuer, Gerold & Schmitz, H. Walter (Hrsg.) (1990). *Kommunikationstheoretische Schriften II: Symbolische Erkenntnis und Kommunikation*. Aachen: Rader

Varis et al. 2005

Varis, Jari; Kuivalainen, Olli & Saarenketo, Sami (2005). *Partner Selection for International Marketing and Distribution in Corporate New Ventures*. Journal of International Entrepreneurship 3(1), 19–36

VDI 2008

Die Firma der Zukunft heißt „Projektteam" (2008). VDI-Nachrichten, 4. Januar 2008, 19

Verheugen 2007

Verheugen, Günter (2007). *Konferenz über die Europäische Charta für Kleinunternehmen: Eröffnungsrede des Vizepräsidenten der Europäischen Kommission, Unternehmen und Industrie*. Berlin: Europäische Kommission und Deutsche Ratspräsidentschaft. 4.–5. Juni

Watzlawick 2007

Watzlawick, Paul (2007). *Wie wirklich ist die Wirklichkeit: Original-Vorträge*. Augsburg: Jokers

Watzlawick et al. 1967

Watzlawick, Paul; Beavin, Janet H. & Jackson, Don D. (1967). *Pragmatics of human communication: A study of interactional patterns, pathologies, and paradoxes*. New York, NY: Norton

Watzlawick et al. 1969

Watzlawick, Paul; Beavin, Janet H. & Jackson, Don D. (1969). *Menschliche Kommunikation: Formen, Störungen, Paradoxien*. Bern: Huber

White 2003

White, Stephen A. (2003). *XPDL and BPMN*. In: Fischer, Layna (Hrsg.) (2003). Workflow handbook 2003. Lighthouse Point, FL: Future Strategies Inc.

Williams 1992

Williams, Theodore Joseph (1992). *The Purdue enterprise reference architecture: A technical guide for CIM planning and implementation*. Research Triangle Park, NC: Instrument Society of America

Williams/Li 1995

Williams, Theodore J. & Li, Hong (1995). *A Specification and Statement of Requirements for GERAM*. Purdue Laboratory for Applied Industrial Control, Report 159, September 1995. West Lafayette, IN: Purdue University

Williamson et al. 1991

Williamson, Oliver E.; Winter, Sidney G. & Coase, R. H. (1991). *The Nature of the firm: Origins, evolution, and development*. New York, NY: Oxford University Press

Winograd 1972

Winograd, Terry (1972). *Understanding natural language*. New York, NY: Academic Press

Winograd/Flores 1986

Winograd, Terry & Flores, Fernando (1986). *Understanding computers and cognition: A new foundation for design*. Norwood, NJ: Ablex

Wirth 1999

Wirth, Siegfried (Hrsg.) (1999). *Sonderforschungsbereich 457 „Hierarchielose regionale Produktionsnetze": Finanzierungsantrag 2000–2002*. Chemnitz: Technische Universität, Institut für Betriebswissenschaften und Fabriksysteme

Witzany 2007

Witzany, Günther (2007). *The Logos of the Bios 2: Bio-communication*. Helsinki: Umweb

Wöhe/Döring 2005

Wöhe, Günter & Döring, Ulrich (2005). *Einführung in die allgemeine Betriebswirtschaftslehre*. 22., neubearb. Aufl. München: Vahlen

Yoshino/Rangan 1995

Yoshino, Michael Y. & Rangan, U. Srinivasa (1995). *Strategic alliances: An entrepreneurial approach to globalization.* Boston, MA: Harvard Business School Press

Zeilinger/Griese 2005

Zeilinger, Anton & Griese, Friedrich (2005). *Einsteins Spuk: Teleportation und andere Mysterien der Quantenphysik.* München: Bertelsmann

GPSR Compliance
The European Union's (EU) General Product Safety Regulation (GPSR) is a set
of rules that requires consumer products to be safe and our obligations to
ensure this.

If you have any concerns about our products, you can contact us on

ProductSafety@springernature.com

In case Publisher is established outside the EU, the EU authorized
representative is:

Springer Nature Customer Service Center GmbH
Europaplatz 3
69115 Heidelberg, Germany

www.ingramcontent.com/pod-product-compliance
Lightning Source LLC
LaVergne TN
LVHW022318060326
832902LV00020B/3540